일단 앉아볼까요

세계적인 마스터 페마 초드론의 1:1 명상 수업

일단 앉아볼까요

페마 초드론 지음
이혜진 옮김

HOW TO
MEDITATE

한문화

명상은 그저 자신을 수련해
몸과 마음을 일치시키는 것입니다.
명상을 통해 자신을 속이지 않고
진심으로 존재하는 법을 배울 수 있습니다.

삶은 끝없는 여정입니다.
명상은 이 길의 모든 질감을 생생히 경험하게 하는데,
이것이 바로 명상의 핵심입니다.

- 최걈 트룽파 린포체Chögyam Trungpa Rinpoche

이 책의 개정판 서문을 새로 쓰는 지금은 코로나19 팬데믹의 끝자락입니다. 사람들은 백신을 맞으며, 친구와 가족이 다시 만나 마스크를 벗고 서로 포옹할 수 있기를 고대합니다.

지금까지 출간한 책들의 제목은 이 시기의 정서를 잘 담아냈다고 할 수 있어요. 《모든 것이 산산이 무너질 때(When Things Fall Apart)》, 《지금 여기에서 달아나지 않는 연습(The Places That Scare You)》, 《도망치지 않는 지혜(The Wisdom of No Escape)》, 《편안해지는 연습(Comfortable with Uncertainty)》과 같은 제목들은 사실 언제 어느 때나 해당되는 말입니다. 삶은 우리에게 기쁨과 즐거움, 연대감을 주기도 하지만, 힘들고 외로운 시기도 피할 수 없어요. 그리고 지난 몇 년간 전 세계 사람들의 삶은 매우 불확실해졌고, 삶의 기반을 잃었다는 불안감 또한 높아졌어요.

이제 사람들은 "언제 학교로 돌아갈 수 있을까요?" "안정적인 수입을 유지할 수 있을까요?" "사랑하는 사람들은 건강할까요?" "언제 사랑하는 사람들을 다시 볼 수 있을까요?"라고 묻습니다. 하지만 누구도 그 답을 모릅니다. 어떤 책이나 방법도 이 질문에 답을 주지는 못합니다. 하지만 이것만은 말할 수 있지요. 명상은 우리에게 안정감을 줄 수 있습니다. 세상이 불안정하게 느껴질 때 탄탄한 기반 위에 서 있는 느낌을 주기 때문이지요. 명상은 불확실성과 두려움에서 오는 감정을 더 잘 견딜 수 있게 해줍니다.

명상은 주변에서 일어나는 일들을 통제할 수 없을 때 마음을 다스릴 기회를 줍니다. 극심한 공포, 불안, 두려움은 살면서 경험하는 정상적인 반응이에요. 명상을 통해 호흡과 몸, 감각으로 돌아와 이 반응들을 친절하게 받아들이는 법을 배울 수 있어요.

명상은 나와 타인을 연결해 주기도 해요. 명상하려고 앉은 자세가 불편할 때면 다른 사람들도 힘들고 불편한 감정을 경험한다는 사실을 알게 됩니다. 명상을 통해 일종의 연민과 타인을 이해하는 마음이 발달하는데, 이런 친절함이 마음을 열고 모든 존재와 더 깊이 연결되게 하지요. 불편한 자세를 견디는 힘과 거기서 얻는 연대감이 전 세계와 연대할 수 있는 힘을 길러줄 겁니다. 명상을 통해 자신과 타인을 향한 다정하고 자비로운 태도를 기를 수 있습니다.

이 책에 소개하는 '마음챙김(mindfulness)'과 '명상의 기초'를 통해 어떤 감정을 느끼든 안정적인 기반을 그대로 유지하고, 스스로를 친절하게 대하고, 현재에 머무는 법을 배울 수 있을 거예요. 나는 당신이 삶 속에서 평생 사랑과 기쁨을 누리기를 바랍니다. 또한 삶이 힘들 때면 명상으로 응원받기를 바랍니다.

세상은 소란스럽고 정신을 빼앗기기 쉬운 일로 가득하지요. 때로는 공황 상태에 빠져 명상을 할 수 있을지 의심되겠지만, 일단 시작해 보세요. 명상을 꾸준히 하다 보면 현재의 어려움을 견디는 자신의 능력이 상상했던 것보다 훨씬 더 뛰어나다는 것을 알게 될 거예요. 시간이 지날수록 일종의 만족감도 경험할 뿐 아니라 인간으로 존재한다는 것에 진심으로 감사하게 될 거예요.

나의 스승, 최걈 트룽파 린포체는 명상 수련생들에게 "두려워하는 마음을 자애의 요람에 놓으세요."라고 조언했어요. 당신에게도 해주고 싶은 말입니다. 명상은 자신에게 그리고 궁극적으로는 타인에게 자비를 실천하는 행위에요. 이 시대에 자비를 실천하는 것보다 더 중요한 일이 있을까요.

페마 초드론Pema Chödrön

1강 명상, 이렇게 시작해요

2강 생각에서 자유로워지세요

3강 감정은 어떻게 다스려야 할까요

4강 감각을 명상의 대상으로 삼으세요

5강 마음을 열어 모든 것을 포용해요

온 마음을 다해 살아간다는 것

깨달음을 사회화하는 노력에 '현재성'은 매우 중요합니다. 사회를 돕는
최선의 방법은 무엇이며, 자신이 하는 일이 참되고 선한지 어떻게 알 수
있을까요. 그 답은 오직 현재를 사는 것뿐입니다. 현재에 집중하면서 마
음을 이완하고 평안을 얻는 방법이 바로 명상입니다. 명상을 하면 당신
은 모든 일에 편견 없이 다가갈 수 있습니다. 판단 없이 사물과 상황을 있
는 그대로 받아들이면서 자신 또한 '있는 그대로 존재하는 법'을 배울 수
있습니다.

- 최갸 트룽파 린포체

마음은 통제 불능이에요. 인간의 삶은 예측 불가능성과 모순, 기쁨과 슬
픔, 성공과 실패로 가득합니다. 광활한 세상에서 인간은 어떤 경험도 피해
갈 수 없어요. 경험은 삶을 근사하게 만들기도 하지만, 마음이 미친 듯이
날뛰는 이유이기도 하지요. 명상을 하면서 자신을 덮쳐오는 통제할 수 없
는 경험을 열린 마음으로 기꺼이 받아들일 수 있다면, 고난과 고통, 마음의

동요를 직면할 수 있다면 삶에서 어떤 일이 일어나더라도 안정감을 느끼고 편안해질 수 있어요.

마음을 다스리는 방법은 여러 가지지만, 효과적인 방법 중 하나는 '앉아서 하는 명상'이에요. 좌선을 통해 삶의 매 순간 열린 상태가 될 수 있습니다. 각각의 순간은 하나뿐인 미지의 순간이에요. 이 순간만큼은 우리의 정신세계를 예측하고 파악할 수 있을 것처럼 느껴져요. 삶의 모든 사건과 해야 할 일을 충분히 고민하면 안식과 안정감을 줄 거라고 생각하지요. 하지만 그건 전부 환상일 뿐이에요.

관념의 장막에서 자유로운 때는 오직 한 순간뿐이고, 우리는 정작 아무것도 알 수 없어요. 이전에는 지금 이 순간을 경험한 적이 없고, 다음 순간은 지금 이 순간과 다를 테니까요. 명상을 통해 삶과 직접적으로 관계 맺는 법을 배우고, 관념의 장막에서 벗어나 현재를 온전하게 경험할 수 있어요.

행복과 고통이 시작되는 곳

부처님의 가르침이나 진리를 뜻하는 '다르마Dharma(법法)'에 따르면, 명상의 목적은 '괴로움을 없애는' 거예요. 명상에 매력을 느끼는 사람이 많은 것도 이런 이유겠죠. 대개 사람들은 괴로운 일이 없는 한, 명상 자세를 취하지 않으니까요. 하지만 불교의 가르침은 드러나는 괴로움뿐 아니라 괴로움의 원인, 즉 뿌리를 없애는 것과 관련이 있어요. 부처님은 "나의 가르침은 오직 한 가지, 고苦와 고의 소멸이다."라고 말씀하셨어요.

이 책에서 나는 괴로움의 근원이 '내 마음'이라는 사실을 강조할 거예요.

괴로움의 근원이 내 마음이듯 행복의 근원 또한 마찬가지예요. 현자 샨티데와Shantideva가 《입보리행론(Bodhicaryavatara)》에서 우리가 괴로움을 어떻게 다루는지 설명한 유명한 비유가 있어요. "땅 위를 걸을 때 발이 아프다면 발이 아프지 않게 온 땅을 가죽으로 뒤덮고 싶겠지요. 하지만 그렇게 엄청난 양의 가죽을 어디서 찾겠어요? 그보다는 가죽 한 조각으로 발을 감싸면 마치 온 땅을 가죽으로 덮은 듯 항상 보호받는 느낌이 들 거예요."

대개 외부 상황을 해결해 괴로움을 멈추려고 노력하지요. 그저 외부의 문제를 해결하려고 끝없이 시도할 거예요. 하지만 부처님은 꽤 혁명적인 말씀을 남기셨어요. 마음만 잘 다스리면 외부에서 오는 것처럼 느껴지는 모든 괴로움이 가라앉을 거라고요.

무언가가 나를 괴롭힐 때(자꾸만 괴롭히는 사람이 있거나, 상황이 짜증스럽거나, 신체적 고통으로 괴로울 때) 먼저 마음을 다스려야 하고, 마음을 다스리는 방법이 바로 명상이에요. 마음을 다스려야만 지금의 삶에서 진정한 행복과 만족을 느끼기 시작할 거예요.

이때 '괴로움(Suffering)'이라는 단어를 다른 단어와 구분하는 것이 중요해요. 부처님이 "나의 가르침은 오로지 고와 고의 소멸이다."라고 말씀하실 때 사용한 단어는 '두카Dukkha(고苦)'예요. 두카는 고통(Pain)과는 달라요. 고통은 즐거움처럼 인간의 삶에 없어서는 안 될 부분이에요. 고통과 즐거움은 번갈아 나타나고, 몸과 마음을 가지고 세상에 태어난 모든 사람이 경험하는 거예요.

부처님은 "나의 가르침은 고통과 고통의 소멸뿐이다."라고 말씀하지 않으셨어요. 오히려 고통은 '항상 존재한다'고 하셨죠. '살다 보면 고통은 당연히 다가온다'는 사실을 받아들일 수 있을 만큼 성장하고 성숙해져야 해요. 물론 사랑하는 사람이 죽어도 슬픔을 느끼지 않는 경지까지 이를 수는 없을 거예요. 계단에서 굴러떨어져도 멍이 들지 않을 수는 없으니까요. 나이가 들면 허리를 다칠 수도 있고, 무릎 관절이 아플 수도 있고, 병에 걸릴 수도 있어요. 다른 많은 일도 일어날 수 있어요.

아주 능숙한 명상가도 기분은 있어요. 우울함이나 두려움, 불안이라는 무겁고 답답한 에너지가 사람들 사이에 흐르지요. 감정 에너지는 매일 날씨가 바뀌는 것처럼 모든 존재를 스치고 지나가요. 내면의 날씨는 우리가 완전히 깨어 있든 아니든 항상 변하고 있어요. 그렇다면 이 에너지를 어떻게 다스릴지가 문제겠죠. 이것을 자신과 동일시하며 휩쓸리고 끌려다녀야 할까요?

두카라는 말은 '불만족' 또는 '절대 만족하지 못하는'으로 번역하기도 해요. 자신이 처한 현실에 늘 불만을 품는 태도가 두카를 계속 머물게 합니다. 이것은 곧 즐겁거나 불쾌한 상황이 삶의 핵심이라는 사실에 계속 불만을 품는다는 뜻이지요.

모든 생명은 기분 좋고 편안한 감정으로 가득하기를 원하지요. 뭔가 마음에 들지 않거나 화가 나는 등 어떤 형태로든 괴로움이 있다면 그것으로부터 도망치고 싶어 하지요. 바로 이것이 우리가 명상을 하는 이유입니다.

명상을 하는 이유

명상은 편안해지기 위해서 하는 게 아니에요. 달리 말하면, 언제나 기분 좋은 상태를 유지하려고 명상하는 게 아니에요. 이 말에 충격받을 모습이 그려지네요. 많은 사람들이 그저 '기분이 나아지기 위해서' 명상하려 하니까요. 하지만 너무 걱정할 필요는 없어요. 다행히도 명상은 기분이 나빠지려고 하는 것은 아니니까요. 오히려 명상은 무슨 일이 있든 열린 마음으로 자비롭게 주변을 대하게 합니다. 명상의 공간은 넓고 거대한 하늘과 같아서 어떤 일이 일어나도 모두 품을 수 있어요.

명상하는 동안 우리의 생각과 감정은 구름처럼 잠시 머무르다 지나갈 수 있어요. 편안하고 즐겁고 힘들고 고통스러운 이 모든 감정이 왔다가 사라집니다. 그래서 명상의 본질은 지극히 근본적이지만, 한편으로는 인류의 습관적인 패턴과는 완전히 다른 무언가를 수련하는 과정이에요. 무슨 일이 일어나든 우리의 경험에 '좋다 나쁘다, 옳다 그르다, 순수하다 불순하다'라는 이름을 붙이지 않고 그저 자신에게 집중하는 훈련을 하는 거예요.

모두가 바라듯이 그저 기분이 좋아지는 것이 명상의 목적이라면, 틀림없이 뭔가 잘못하고 있다는 생각이 자주 들 거예요. 때때로 명상은 아주 힘들기도 하니까요. 명상가는 평범한 하루 또는 일상적인 수련 중에 지루함, 불안함, 두려움, 신체적 고통, 마음의 고통 등 '불쾌한 경험'을 매우 흔하게 해요.

명상의 목적은 단순히 기분이 좋아진다기보다는 자비로운 태도로 마음을 열고 온갖 경험 속에서도 자신 그리고 자신이 처한 상황과 함께 존재하는 능력을 키우는 거예요.

명상하는 동안 우리는 삶이 선물하는 모든 것에 마음을 열 수 있어요. 명상의 목적은 땅에 발을 붙이고 지금 여기로 돌아오는 거예요. 어떤 특별한 상태에 이르러 어떻게든 삶의 어려움을 초월하거나 넘어서는 것이 목적인 명상도 있지만, 내가 수련했고 이 책에서 안내하는 명상에서는 '삶에 완전히 깨어 있는 것'이 목표예요. 삶의 역경과 기쁨에 마음을 확실하게 여는 거죠. 모든 것을 있는 그대로 받아들이는 거예요. 그리고 명상으로 얻을 수 있는 혜택은 사실 끝이 없어요.

우리는 명상을 하면서 짧게는 몇 개월 또는 몇 년에 걸쳐 나타나는 다섯 가지 자질을 기를 거예요. '나는 왜 명상하는가?'라는 질문이 떠오를 때마다 이 자질들을 되새기면 큰 도움이 될 겁니다.

첫 번째 자질, 즉 우리가 명상할 때 가장 먼저 하는 일은 '자신에 대한 굳건함을 기르는 것'입니다. 예전에 이 이야기를 들은 누군가가 이렇게 묻더군요. "굳건함이 신뢰 같은 건가요? 내가 무엇을 신뢰하는지를 나타내는 건가요?" 명상을 통해 우리는 자신에 대한 신뢰를 쌓습니다. 명상으로 기르는 굳건함은 곧바로 자기 삶에 대한 신뢰로 이어지지요.

굳건함이란 명상을 하려고 자리에 앉는 순간 일어나는 모든 일, 즉 마음이 시속 백만 킬로미터로 질주하거나, 몸에 통증이 일어나거나, 머리가 아프거나, 가슴이 두려움으로 가득 차는 등 무엇이 떠오르든 겁내거나 피하지 않고 그 경험에 온전히 머무르는 것을 뜻합니다.

때로는 한 시간을 앉아서 명상해도 아무것도 나아지지 않을 때도 있어요. 그러면 '이번 명상은 엉망진창이었어.'라고 생각할지도 모르죠. 그렇지만 10분이든, 1시간이든, 얼마나 오래 앉아 있든 기꺼이 앉아 명상하는 것, 이것이 바로 자신을 향한 신뢰 혹은 굳건함을 키우는 자비로운 행동입니다.

우리는 주변에서 벌어지는 일들에 여러 이름과 견해와 판단을 덧붙이는 경향이 있어요. 굳건함, 즉 자신을 향한 신뢰는 이런 판단을 내려놓는다는 뜻이에요. 그래서 어떤 면에서는 마음이 시속 백만 킬로미터로 내달리고 온갖 잡념이 떠오를 때도 아무런 저항 없이 자연스럽게 이 순간을 맞이하는 게 굳건함의 일부일 수도 있어요. 자신의 경험에 완전히 집중하는 순간이죠.

명상을 하면 자신에 대한 신뢰와 굳건함 그리고 인내심을 키울 수 있어요. 명상을 통해 이 방법을 배우면, 명상하지 않을 때나 명상 후에 마주하는 온갖 상황에서도 인내심을 유지할 수 있을 거예요.

명료하게 보는 능력

명상을 통해 기르는 두 번째 자질은 '명료하게 보는 것'인데, 이것은 굳건함과 비슷해요. 때로는 '명료한 알아차림'이라고도 해요. 생각과 감정에 갇히거나, 주변 상황과 사람들에게 냉담해지거나, 혹은 어떤 식으로든 삶에 닫혀 있을 때 자기 상태를 알아차리는 능력을 키워야 해요. 마음이 자꾸 날뛰거나, 타인을 도저히 이해할 수 없을 때도 신경의 연쇄 반응이 어디에서 어떻게 일어나는지 파악해야 해요.

아주 고요하게 호흡에만 집중한 채로 명상하는 순간에는 많은 것을 알아차리지 못할 거라고 생각하나요? 하지만 굳건함을 키우고 명상에 머무는 법을 배우면, 판단이나 편견 없는 명료한 시각을 얻을 수 있어요. 생각이 찾아오고, 감정이 일어나는 그 순간을 우리는 그 어느 때보다도 분명하게 느낄 수 있어요.

명상하는 동안 자신에게 점점 가까워지고, 스스로를 훨씬 명확하게 이해할 수 있어요. 관념적인 분석 없이도 명료하게 보이기 시작해요. 꾸준히 수련하는 동안 자신이 무엇을 되풀이하는지 보기 때문이에요. 먼저 마음 속에서 몇 번이고 같은 장면을 반복해서 재생하는 것부터 보일 거예요. 상대의 이름은 다를 수 있지만 상황은 늘 비슷하게 되풀이되죠.

명상은 자신과 자신의 삶을 제한하는 습관적 패턴을 분명하게 볼 수 있게 해요. 명상을 통해 생각과 견해를 명료하게 보기 시작할 거예요. 판단이 보이고, 방어 기제가 보일 거예요. 명상을 통해 스스로를 더 깊이 이해하는 거지요.

명상으로 기르는 세 번째 자질은 굳건함과 명료한 시선, 이 두 가지 특성을 이야기할 때 넌지시 언급했어요. 특히 감정적으로 너무 힘들 때 꼭 필요한 자질이에요. 나는 이 자질을 수련에 필요한 별개의 자질로 보는 것이 중요하다고 생각해요. 명상 도중 감정적으로 힘들어지면 종종 뭔가 잘못됐다는 느낌이 들기 때문이에요.

우리 안에서 유기적으로 발달하는 세 번째 자질은 바로 '서서히 솟아오르는 용기'예요. 여기서 '서서히 솟아오른다'라는 말이 중요한데, 이 과정은 매우 천천히 진행될 수 있기 때문이에요. 하지만 시간이 갈수록 여러 불편한 감정과 삶의 시련을 경험할 용기가 내면에서 무럭무럭 자라나는 것을 발견할 수 있을 거예요.

명상에도 용기가 필요해요

명상은 마법처럼 일어나는 변신이 아니라, 우리가 집요하게 무언가를 바꾸고자 노력할 때 서서히 일어나는 변화예요. 꾸준히 수련할수록 마음이 열리고 일상에서도 더 많은 용기를 낼 수 있어요. 명상에서 '정말로 해냈다' 또는 '어떤 경지에 이르렀다'라는 느낌은 절대 들지 않아요. 그저 내면에 항상 존재하던 것을 경험할 수 있을 정도로 편안한 상태라고 느낄 뿐이에요.

나는 때때로 이 변화의 과정을 '은혜(Grace)'라고 불러요. 마음속에 수많은 감정이 일어나도록 가만히 두는 용기를 키우는 과정에서 우리는 어떤 통찰의 순간을 맞이해요. 하지만 우리의 문제가 무엇인지, 세상의 문제가 무엇인지 관념적으로 알아내려는 시도로는 통찰을 얻을 수 없어요. 통찰의 순간들은 오직 명상할 때 찾아와요. 그래서 명상에는 용기가 필요하고, 용기는 시간이 흐를수록 점점 더 커질 거예요.

이렇게 용기를 키우다 보면 '가치관의 변화'라는 은혜를 얻을 수 있어요. 명상은 이전에 본 적 없는 새로운 것을 보거나, 이전에는 전혀 이해하지 못했던 무언가를 이해할 수 있게 이끌어요. 명상이 주는 이런 혜택들을 '축복(Blessings)'이라고도 하지요. 또한 명상하면서 생각을 비워내고 지혜가 빛을 발할 공간을 확보하는 법을 배우는데, 지혜는 더 이상 자신을 억누르지 않을 때 나타나요.

정서적 고통을 피하지 않고 기꺼이 경험할 수 있는 용기를 키우고, 명상하면서 이 괴로운 감정과 함께 앉아 있을 때, 마음속 공간이 얼마나 많은 위안과 안도감을 주는 곳인지 깨달을 수 있어요. 수많은 감정이 일어나는 그 시점에 비로소 진정으로 감정의 근본적인 에너지와 이어질 수 있기 때문이에요.

이 책에서 배울 테지만, 명상은 최선을 다해 꼬리에 꼬리를 무는 생각들을 놓아주고, 그저 그 자리에 앉아 있는 거예요. 그러면 과거의 감정이나 기억들을 기꺼이 놓아주거나, 그것과 자신을 구분해야 한다는 사실을 깨달을 수 있어요.

또한 스스로 '쾌락을 주는 환상'에 자주 빠진다는 사실도 발견할 수 있어요. 그리고 여기에 숨겨진 비밀은 '사실 우리는 이런 걸 전혀 하고 싶지 않다'는 거예요. 우리 안의 어떤 부분은 분명히 깨어나고 마음이 열리기를 간절히 원해요. 인간은 살아 있음을 느끼고 삶에 깨어 있고 싶어 하지요. 그러면서도 현실이 순간일 뿐이고 끊임없이 변한다는 사실을 불편하게 느끼기도 해요.

간단히 말하면, 우리 내면의 꽤 많은 부분이 머릿속 환상과 계획에서 위안을 얻는 걸 더 좋아하는데, 그래서 이 수련이 어려워요. 하지만 굳건한 마음과 명료한 시선, 점진적 용기를 키우면 지금까지의 습관적 패턴이 조금씩 흔들리기 시작할 거예요. 명상은 조건반사적인 반응에서 벗어나게 하고, 마음을 다잡는 방식이나 고통을 붙들어 두는 습관적인 방식에서도 벗어나게 해요.

명상이 불러오는 놀라운 변화

명상으로 키울 수 있는 네 번째 자질은 계속 언급했듯이 '삶의 모든 순간에 그저 있는 그대로 깨어 있는 능력'이에요. 이것이 바로 명상의 절대적인 본질이지요. 지금 이 순간에 주의를 집중하면서 그저 여기에 존재하는 법을 배울 수 있어요. 그런데 우리 주변에는 그저 여기에 존재하는 것을 방해하는 요소가 너무 많아요.

처음 명상을 시작했을 때, 나는 소질이 없다고 생각했어요. 어느 정도 지나고 나서야 소질이 아니라 지금 여기에 존재하기엔 방해물이 너무 많은 게 문제라는 걸 깨달았지요. 그저 여기에 존재하는 것, 바로 이 순간에 집중하는 것으로는 아무것도 확신하거나 예측할 수 없어요. 하지만 긴장을 풀고 현재에 집중하는 법을 배우면 알 수 없는 것들조차 편안하게 받아들이는 법을 배울 수 있지요.

삶은 전혀 예측할 수 없어요. 누군가는 "나는 예측할 수 없는 게 더 좋아요."라고 말할 수도 있지만, 그건 대개 어느 정도까지만이에요. 예측 불가능성이 재미있고 흥미진진할 때까지만 그렇죠. 내 주변에는 번지점프 같은 무시무시한 활동에 빠진 사람들이 많아요. 조카들, 특히 남자애들은 전부 다 그래요. 하지만 나는 이런 액티비티를 생각만 해도 엄청난 공포를 느껴요.

우리 모두에게는 한계가 있어요. 때로는 무척 대담한 사람도 예상하지 못한 상황에서 한계에 부닥쳐요. 맛있는 커피 한 잔을 마실 수 없을 때나 깜빡하고 중요한 물건을 챙기지 않았을 때처럼 사소한 일에서 말이죠.

우리는 기꺼이 다리 위에서 거꾸로 뛰어내리면서도 맛있는 커피 한 잔을 마실 수 없을 때 짜증을 내지요. 누군가에게는 이게 불편하고 불확실한 공간으로 들어서는 경계선인 거예요. 그래서 자신의 한계를 마주하는 순간이나 알 수 없는 것을 받아들여야 하는 상황은 명상으로 마음을 열고자 하는 사람에게는 엄청난 영향력을 미치는 요소라고 할 수 있어요.

현재는 명상에 불을 지피는 불꽃과도 같아요. 지금 이 순간이 우리를 변화로 이끌지요. 현재는 명상의 여정에서 연료와 같고, 명상은 자신의 한계를 마주하도록 이끌어요. 거기서 실제로 한계를 직면하고 넘어서기 시작하죠. 알 수 없는 것과 마주할 때 마침내 자기만의 삶을 살 수 있고, 어떤 일에든 완전하게 몰입할 수 있어요. 이것이 바로 온 마음을 다해 살아가는 거예요.

명상은 엄청난 변화를 불러오지만 마지막 휴식처가 될 수는 없어요. 하지만 분명 지금보다 훨씬 더 평온해질 수 있어요. 그래서 나도 해를 거듭하며 명상을 계속하지요. 만약 내 삶을 되돌아봤을 때 아무것도 변하지 않았다는 느낌이 들었다면, 더 평온해지고 유연해졌다는 걸 깨닫지 못했더라면, 나는 크게 실망했을 거예요. 하지만 변화는 확실히 있었어요. 그리고 항상 또 다른 도전이 기다리고 있었고, 그래서 더욱 겸손해질 수 있었어요.

삶은 언제든 타격을 가해 자신의 기반에서 떨어져 나가게 만들어요. 우리는 언제든 더 평온하고 마음이 열린 공간에서 알 수 없는 것들을 마주하는 연습을 할 수 있어요. 모두에게 일어날 수 있는 일이죠.

스스로 잘 다스려온 덕에 마음이 차분하다고 생각했는데, 뭔가가 그 생각을 날려버리죠. 우리를 버릇없는 어린애처럼 행동하게 만드는 일은 늘 일어난다는 걸 알아야 해요. 수년간 명상을 해온 나도 때때로 마주하기 어려운 순간이 있어요.

몇 년 전, 여섯 살 손녀와 단둘이 여행을 떠났어요. 그런데 손녀가 너무나 까탈스럽게 굴어서 무척 당황스러웠죠. 말끝마다 "싫어!"라고 했고, 나는 사랑스러운 이 작은 천사에게 계속 져주고만 있었어요. 나는 "알았어, 알렉산드리아! 이건 너와 나의 비밀이야, 알겠지? 아무한테도 말하지 않을 거지? 책 표지에 있는 할머니 사진 알지? 주변에 할머니 책을 들고 다니는 사람을 보거든 오늘 있었던 일을 이야기하면 안 돼!"라고 당부했어요.

감추고 있던 것이 탄로 나면 당혹스러워요. 명상할 때도 숨어 있던 위장

막이 걷히면 그 어느 때보다도 당혹스럽지만, 한편으론 오히려 다행이지요. 죽을 때까지 깜짝 놀랄 일이 다시는 없었으면 좋겠다는 생각이 나를 어디에 가뒀는지 알았으니까요.

자신이 죽음을 앞둔 노인이라고 생각해 보세요. 침대에 누워 평온히 삶을 돌이켜보고 있을 때 성질 나쁜 간호사가 나타나 온갖 불만과 분노를 터트리는 거예요. 누구도 이런 상황을 바라진 않겠죠. 당신은 간호사에게 분노할 뿐만 아니라, 죽음을 앞둔 순간에도 평정심을 유지할 수 없는 자신에게 실망할지도 모르니까요.

그러니 누군가 왜 명상하느냐고 묻는다면, 나는 현재에 더 유연하고 관대해지기 위해서라고 답할 거예요. "뭐, 누구나 죽는 것, 그게 인생이잖아요."라고 말하는 간호사에게 화가 날 수도 있어요. 그렇다면 이런 감정이 자신을 통과해 그대로 지나가게 두세요. 그러면 이 순간을 평온하게 받아들일 수 있고, 어쩌면 웃으면서 삶을 마감할 수도 있어요.

무례한 간호사를 만난 건 그저 운이 나빴기 때문이에요. 어쩌면 당신은 "말도 안 돼!"라고 할 수도 있어요. 이처럼 우리가 감추려 했던 속마음을 밖으로 드러내게 만드는 사람을 '구루Guru(산스크리트어로 스승, 선각자를 뜻함 - 옮긴이)'라고 불러요.

유연한 사람으로 거듭나는 경험

명상하며 기를 수 있는 마지막 다섯 번째 자질을 나는 '별일 아니다!'라고 해요. '현재에 좀 더 유연해진다'고 할 때 하고 싶은 말이 바로 이거예요.

명상을 통해 심오한 통찰을 얻거나, 매우 감동적인 은혜 또는 축복을 느끼거나, 서서히 솟아나는 용기를 느낄 수도 있어요. 하지만 그것조차 사실 별일 아니에요.

나의 스승 최걈 트룽파 린포체에게 받은 가장 큰 가르침이 바로 '별일 아니다!'였어요. 언젠가 명상하던 중에 매우 놀랍고 강렬한 경험을 했다고 생각해서 스승님께 그걸 말씀드리러 갔던 때가 기억나요. 나는 무척 들떠 있었는데, 이 경험을 이야기하자 스승님은 말로 설명할 수 없는, 완전히 열려 있는 표정을 지었어요. 자비롭다거나, 무언가를 판단하고 있다는 느낌 없이 어떤 말로도 표현할 수 없는 표정이었어요. 그리고 스승님은 내 손을 잡고서 "별일 아닙니다."라고 말했어요.

스승님은 나쁘다고도 좋다고도 하지 않았어요. 이런 경험은 삶을 바꿀 수도 있지만 동시에 오만과 자만 또는 특별하다는 느낌으로 이어질 수 있으니, 너무 대수로이 여기지 말라고 조언하셨어요. 마찬가지로 고난 역시 별일 아니라고 생각하면 지금까지와는 전혀 다른 방향으로 나아갈 수 있죠.

때때로 결핍에서 오는 자기 비하와 자기 경멸에 빠질 수도 있어요. 하지만 명상은 별일 아니라는 느낌을 냉소적이고 부정적인 태도가 아니라 유머와 유연함으로 표현할 수 있게 하고, 우리를 좀 더 열려 있는 사람으로 거듭나게 해요.

몸을 곧게 세워

긴장을 풀고 명상 자세로 앉으면

가슴은 벌거벗게 됩니다.

나라는 존재가 먼저 자신에게,

이어서 다른 이들에게 드러나죠.

가만히 앉아 숨이 흩어지는 것에 집중하면

마음과 온전히 연결됩니다.

- 최감 트룽파 린포체

명상,
이렇게 시작해요

1장

명상 준비와 마음가짐

명상을 시작하는 데 필요한 건 거의 없어요. 사실 나 자신만 있으면 돼요. 사람들은 때로 명상 수련회를 신청하거나, 명상할 방에 놓을 수많은 물건들을 갖춰야 한다고 생각해요. 하지만 명상은 어디서든, 어느 공간에서든, 어느 때든 시작할 수 있어요. 그저 시작하기만 하면 돼요. 바로 지금 그 자리에서 시작하는 거예요.

때로는 이 세상에 나보다 스트레스를 많이 받는 사람은 없을 거라고 느껴지는 순간도 있어요. 가망 없는 사랑에 빠졌거나, 여섯 아이를 키우면서 풀타임 직장을 다닐 수도 있고, 우울증을 앓거나, 영혼의 어두운 밤을 지나는 중일 수도 있어요. 내가 어디에 있든, 어떤 상황이든 거기서 시작하면 됩니다. 명상을 시작하기 위해 바꿔야 할 것은 아무것도 없어요.

꾸준히 명상을 하기로 마음먹었다면, 시간을 미리 정해두는 게 좋아요. 명상의 이점이 너무 많기 때문에 이런 이점을 제대로 깨닫고 느끼려면 꾸준한 연습이 필요해요. 그러니 현실적으로 명상할 시간을 정하세요. 예를 들면, 하루 중 몇 시에 규칙적으로 명상할지 결정하는 거예요. 누군가는 아침 식사를 하고 출근 준비를 하기 전인 이른 아침이 좋을 수도 있어요. 누군가는 밤에 아이들을 재운 후가 좋을 수도 있고요. 언제 규칙적으로 명상을 할지 정한 다음 꾸준히 실천해 보세요.

다음으로, 얼마나 오래 할지 생각해 보세요. 얼마나 앉아 있을 건가요? 20분을 앉아 있어도, 2시간을 앉아 있어도 괜찮아요. 얼마나 할지는 오직 당신에게 달렸지만, 충분히 해낼 수 있는 시간으로 정하세요. 열심히 명상하면서 좌절감부터 느끼고 싶지는 않을 테니까요. 명상이 처음이라면, 일단 20분부터 시작하는 게 좋아요. 그리고 한 달 또는 몇 달 정도 해본 다음, 20분씩 추가해서 시간을 늘릴 수도 있어요. 이미 명상에 익숙하거나 한동안 쉬었다가 다시 시작하는 경우에는 하루에 1시간 정도 할 수도 있어요.

1시간 동안 명상하기로 했는데, 막상 20분 이상 앉아 있기가 힘들 수도 있죠. 그럴 때는 20분 동안 앉아 있다가 10분간 천천히 걷거나 요가를 하거나 스트레칭을 해도 좋아요. 움직이면서 에너지를 충전하고 휴식도 취하세요. 몸을 움직이는 활동을 하고 나면 다시 앉아 20분간 명상하는 데 도움이 될 거예요.

명상을 위한 이상적인 조건

이상적인 명상 환경은 단순해야 해요. 단순하다는 건 많은 준비가 필요하지 않다는 뜻이에요. 앞으로 차차 알게 되겠지만, 명상은 세상을 받아들이는 법을 배우고 삶을 일깨우는 것인데, 그렇다면 버스 안에서도 할 수 있어요. 하지만 꾸준히 명상하는 습관을 들이기 위해서는 가장 익숙하게 머물 수 있는 집에서 신성한 느낌이 들거나 마음이 편해지는 공간을 찾는 것이 좋아요. 명상을 떠올리고, 수련에 도움을 주는 표식으로 작은 제단을 만들 수도 있어요. 제단 위에 연대감을 느끼는 스승의 사진이나 초 또는 향을 올려놓을 수도 있어요.

명상하는 '자리'는 어떨까요? 자세를 다루는 부분에서 더 자세히 배우겠지만, 명상할 때는 몸을 위로 곧게 뻗은 느낌이 드는 자세로 앉아야 해요. 쿠션이나 의자를 이용하면 이런 자세로 앉을 수 있어요. '곰덴Gomden'이라는 탄탄한 사각형 방석을 사용하기도 하고, 더 부드럽고 낮은 동그란 방석 '자푸Zafu'를 사용하기도 해요. 자신에게 가장 잘 맞는 방석이나 자리를 찾으세요. 허리가 안 좋거나 무릎이 아프다면 의자에 앉아도 괜찮아요.

마지막으로 타이머를 준비하세요. 손목시계나 알람시계 혹은 무엇이든 당신이 정한 시간을 알려주는 것이면 좋아요. 명상센터나 명상 수련회에서는 흔히 공Gong 또는 종을 사용하는데, 무척 아름답고 평화로운 소리를 들을 수 있지요.

명상은 혼자 할 수도 있고, 파트너와 함께하거나 집단으로 할 수도 있어요. 명상이 처음이라면 적어도 한 명 혹은 더 많은 사람과 함께 하는 것이 좋은데, 누군가와 함께하는 것이 큰 도움이 되기 때문이에요. 혼자서 수련하면 시간을 지키기가 힘들 거예요.

전통적인 명상 방식에서는 대개 혼자 하지만, 이 경우에는 시간에 맞춰 명상 일정을 꼬박꼬박 지키면서 전념하기가 어려울 수도 있어요. 하지만 내 경험에 따르면 시간이 흐를수록 점점 더 쉬워져요.

세상을 있는 그대로 느껴요

언젠가 명상하는 법을 가르쳐달라고 찾아온 어느 대학생이 불안감에 시달리고 있다고 고백한 적이 있어요. 이 학생은 '주의력 결핍 장애(ADD, Attention Deficit Disorder)'를 앓고 있었어요. 그녀는 자신을 둘러싼 모든 스트레스에서 해방되기를 간절히 원했어요. 그리고 해야 할 일이 가득한 바쁜 생활 속에서 어떻게 명상 시간을 확보할지 고민했어요. 나는 아침에 일어나 침대 밖으로 나오기 전에 먼저 10분만 명상을 해보라고 했어요. 침대 위에 다리를 교차해서 앉거나 침대 가장자리에서 다리를 아래로 내려놓고 앉는 등 가장 편안한 방식이면 된다고 조언했어요.

일주일 후 그 학생이 다시 찾아와 정말 큰 도움이 되었다며 기뻐했어요. 어느 날 새벽 두 시 반쯤 잠이 깼는데, 그날 역시 할 일이 너무 많아 잠시 공황 상태에 빠졌다고 해요. 본능적으로 침대에서 벌떡 일어나 어마어마한 해야 할 일 목록을 하나씩 해치우려 했어요. 그러다 명상으로 하루를 시작해 보기로 했던 다짐이 떠올랐다고 해요. 그래서 먼저 침대에 앉아 명상에 들어갔어요.

그녀는 명상 중에 모든 것이 느려지면서, 마음이 요동치고 격앙되며 몸에는 에너지가 넘치는 것을 느낄 수 있었다고 해요. 10분 동안 현재에 온전히 머무르며 주의를 집중했어요. 어느 순간 해야 할 일을 해결하는 방법이 명확하게 보였고, 무엇을 어떤 순서로 해야 할지 알 수 있었어요. 명상으로 마음을 진정시키고, 해야 할 일을 체계적으로 계획할 수 있었던 거예요. 그러자 반드시 끝내야 한다고 걱정했던 일들 중에서 대부분은 사실 그날 꼭 할 필요가 없다는 생각이 들었어요. 이렇게 마음과 몸이 차분한 상태가 되어 다시 잠이 들었고, 적당한 시간에 다시 일어났을 때는 훨씬 더

개운한 느낌이 들었다고 해요.

어쩌면 당신도 명상에 전념할 수 있는 시간이 하루 중 10분밖에 없을지도 몰라요. 단 10분의 명상만으로도 머리가 맑아지거나 마음이 진정되어 타고난 지혜 또는 근본적인 선善(어떤 시점에 옳은 행동이 무엇인지 아는 것)을 이해하게 될 거예요.

이 책에서 우리는 '사마타Shamatha'라는 명상법을 수련할 거예요. 사마타는 산스크리트어로 '고요함에 머물다'라는 뜻이에요. 마음을 안정시켜 지금 여기에 머물게 하고, 세상을 있는 그대로 자각하는 수련법이에요.

이어서 사마타 명상을 시작하는 데 필요한 모든 것을 배울 거예요. 어떻게 명상할 공간에 자리를 잡는지, 어떻게 앉고 어떤 자세를 취해야 하는지, 호흡은 어떻게 조절하는지, 잡념은 어떻게 다스릴지도 알아볼 거예요.

바쁘게 돌아가는 일상에서 마음이 고요해지는 순간이 그리 자주 있지는 않잖아요. 하지만 계속해서 반복할 명상의 대상이 있다면(이 책에서는 호흡에서부터 시작할 것을 권해요), 마음을 다스리고 생각과 감정에 지배받는 습관을 바꿀 수 있을 거예요. 하나의 대상에 마음을 집중하는 것이 사마타 수련의 핵심이니까요.

2장

차분히 마음을 안정시켜요

명상할 때마다 가장 먼저 해야 할 일은 마음을 안정시키는 거예요. 마음을 안정시킨다는 것은 명상을 하려는 방에 들어가 '온전히 자기 자신이 된다'는 뜻이에요. 몸만 명상하는 곳에 머무는 것이 아니라, 마음도 그곳에 오롯이 존재하고, 자신이 어떤 상태인지 스스로 확인해야 해요. 당신은 아침 식사 이후부터 쭉 마음이 고요했을 수도 있어요. 창밖의 바다나 나무를 바라보고 있었거나, 실제로 꽤 고요하고 안정적인 상태로 명상하러 왔을 수도 있어요.

하지만 어떤 때는 쫓기는 기분이 들 수도 있어요. 허겁지겁 아침 식사를 마치고 계단을 뛰어 내려와 잔뜩 긴장한 상태로 명상하는 곳에 도착했을 수도 있어요. 걱정스럽거나 속상한 일이 생겨서 정신이 하나도 없을 수도 있어요. 너무 피곤해서 지금 이 자리에 존재한다는 느낌조차 거의 느끼지 못할 수도 있어요. 침울하고 가라앉는 기분이 들 수도 있죠.

한 가지 확실한 것은 시간을 내어 명상을 할 때마다 그 순간에 무언가와 함께 그 자리에 온다는 점이에요. 그날의 생각과 기분, 에너지와 걱정거리를 가져오죠. 명상은 그저 털썩 앉아서 타이머를 맞추고 가져온 것들을 전부 떨쳐 버리는 일이 아니에요. 그러니 먼저 자신의 상태가 어떤지부터 느껴보세요. 스스로에게 '오늘 몸의 느낌은 어떻지? 기분은 어때? 내 마음은 어떻지?'라고 물어보세요. 마음을 안정시키는 첫걸음은 자신의 상태부터 확인하는 거예요.

명상에 들어가는 방식에는 '좋다 나쁘다'가 없어요. 이게 핵심이에요. 차분하고 여유로운 기분으로 명상을 시작하는 게 가장 좋을 거라 생각하겠지만, 사실 명상은 무슨 일이 일어나든 그것을 알아차리고 현재에 머무는 거예요. 그러므로 명상은 좋거나 나쁘다고 평가할 수 없어요. 명상을 판단하는 기준은 '현재에 머물렀는가, 아닌가?'일 뿐이에요. 그리고 혹시 이 질문에 '현재에 머무르지 않았다'라고 답하더라도 그 답은 자신이 명상하면서 그 사실을 인식한 결과예요. 실제로 일어나는 일을 어느 정도 알아차린 것만으로도 충분해요.

연습하기
자신에게 질문해 보세요

명상을 시작할 때, 내 마음을 살피고 확인하는 것이 중요하다고 이야기했어요. 지금 자신의 상태가 어떤지 잘 살펴보세요. 지금 이 순간에 존재하는 자신을 발견하려면, 내 마음과 만날 수 있도록 돕는 몇 가지 질문을 해보면 좋을 거예요.

• 먼저, 어떤 느낌이 드나요? 지금 느끼는 것이 무엇인지 알아차릴 수 있나요? 당신의 기분이나 몸의 상태, 졸리거나 평온한 상태, 불안감이나 신체적 고통 등 무엇이든 될 수 있어요. 말로 표현하지 않고도 이런 느낌에 다가가거나, 그저 지금 느끼는 것을 알아차릴 수 있나요?

• 어떤 감정이 드나요? 이 순간의 감정에 집중할 수 있나요? 이 감정과 만날 용기가 있나요? 이때 필요한 건 감정에 이름을 붙이거나 감정의 변화를 기억하는 게 아니에요. 그저 지금 느끼는 것에 집중하세요.

• 몸에 어떤 감각이 드나요? 통증이 느껴지나요? 긴장감이 느껴지나요? 아니면 이완된 느낌인가요?

• 생각은 어떤가요? 지금 어떤 생각이 드나요? 마음이 너무 복잡한가요? 잠이 오나요? 신기할 정도로 마음이 고요한가요? 생각이 걷잡을 수 없이 흐르나요? 평온하거나 지루한가요? 불안하거나 차분한가요?

• "지금 이 순간 마음은 어떤가요?"라고 묻는다면, 뭐라고 대답할 건가요? 마음이 고요한지 복잡한지 지루한지 물으면, 뭐라고 말할 건가요?

이 질문들이 자신의 내면과 이어지는 데 도움이 되었으면 좋겠어요. 명상이 처음이라면 꼭 이 질문들로 시작해 보세요. 시간이 흐르면 이런 질문들을 거치지 않아도 지금 앉은 자리에서 바로 현재에 집중할 수 있을 거예요. 저절로 그렇게 되는 거예요. 명상의 목적은 그저 수련을 시작하면서 내 마음을 알아차리고 안정시키는 거예요.

연습하기
바디스캔으로 몸 전체를 느껴요

몸과 마음의 상태를 확인하고, 명상을 시작하기 전에 스스로를 현재로 불러들이는 가장 효과적인 방법은 바디스캔Body Scan이에요. 바디스캔은 자리에서 일어나 숨을 깊이 들이마시고 내쉬면서 시작해요. 바디스캔은 몸의 각 부위에 집중해 그 부위에 어떤 느낌이 드는지 천천히 알아차리는 거예요. 가장 먼저 발바닥에 주의를 집중할 수 있는데, 어떤 느낌이 드는지 확인해 보세요. 발바닥에 감각이 없을 수도 있어요. 저릿하면서 감각이 살아 있는 느낌이 들 수도 있어요.

같은 방법으로 머리부터 발끝까지 재빠르게 바디스캔할 수 있는데, 바디스캔을 계속하다 보면 아무것도 느낄 수 없는 부위도 있을 거예요. 반대로 통증이 느껴져도 괜찮아요. 그저 통증을 알아차리고 느끼세요. 계속해서 '열린 알아차림'으로 몸의 각 부위에 집중하세요. 이 과정은 몸에 주의를 기울이는 마음챙김 연습과도 같아요.

• 먼저, 1분 동안 서 있는 걸로 시작하세요. 이때 눈은 떠도 되고 감아도 괜찮아요. 그저 몸의 각 부위에 마음의 눈을 집중하고, 부드럽게 주의를 기울이세요. 나는 부위마다 10초 정도 조용히 집중하는 것을 좋아해요.

• 몸 전체를 살펴보세요. 발바닥, 발꿈치, 종아리, 무릎 뒤, 허벅지 뒤, 엉덩이, 허리, 등, 윗등과 어깨, 팔, 겨드랑이, 위팔 뒤, 팔꿈치, 아래팔 뒤, 손등, 손바닥, 손가락 위쪽. 손가락 끝, 손가락 아래, 아래팔 앞, 위팔 앞, 어깨, 목뒤, 머리 뒤, 귀 뒤, 정수리, 이마, 눈, 코, 두 뺨, 입, 입술, 혀, 이, 턱, 목구멍, 가슴, 명치, 배, 성기, 허벅지 앞쪽, 무릎, 정강이, 발등, 발가락 위까지요.

• 몸의 각 부위를 모두 스캔하고 나서, 이제 몸 전체에 어떤 감각이 느껴지는지 살펴보세요. 긴장을 푼 채로 서 있는 당신의 몸, 완전히 이완하지는 못하더라도 현재에 서 있는 당신의 몸을 그대로 느껴보세요.

3장

명상 자세의 여섯 가지 포인트

최선을 다해 마음을 안정시키려고 노력했나요? 그렇다면 지금 이 순간에 주의를 집중한 거예요. 명상을 시작할 준비가 거의 다 된 거예요. 하지만 명상을 시작하기 전에 먼저 어떻게 앉아야 할까요?

명상에서는 항상 곧고 바른 자세가 핵심이에요. 그래야 몸이 구부정해지지 않고 에너지가 막힘없이 순환할 수 있거든요. 편안하면서도 반듯한 자세에 집중하다 보면 마음도 한결 편안해져요. 내가 배운 명상 자세는 가슴을 반듯하게 여는 거예요. 가슴은 열고 허리는 단단하게 유지하는 거죠.

사실 자세가 흐트러졌거나, 몸이 닫혀 있다는 것을 느낄 때 다시 자세를 바로잡으려면 엄청난 노력이 필요해요. 몸의 앞면을 열고 앉으면 실제로 마음이 열리는 데도 도움이 된답니다. 머리 그리고 목 아래부터 허리까지 이어지는 몸통이 정수리부터 꼬리뼈까지 쭉 이어지는 일직선을 이룬다고 상상해 보세요. 자세가 무너질 때마다 다시 몸을 바로 세우고, 가슴을 열어 보세요.

앉아서 명상할 때 가장 좋은 자세는 힘을 빼고 우리 몸에 집중하는 거예요. 이 자세는 앉는 자리, 손, 몸통, 눈, 얼굴, 다리의 여섯 가지 포인트와 관련해서 살펴보면 좋아요. 지금부터 하나씩 알아보죠.

안정적인 자리를 찾으세요

먼저 견고하고 안정적인 자리를 찾으세요. 나는 가끔 평평한 바닥이라고 하지만, 그냥 안정적인 자리면 괜찮아요. 사람마다 편안하게 느끼는 자리가 다르기 때문이에요. 어떤 사람은 평평한 바닥에, 어떤 사람은 명상용 방석인 곰덴이나 자푸에, 어떤 사람은 의자에 앉기도 하죠. 각자의 방식으로 균형 잡힌 감각을 찾아야 해요.

손은 무드라 동작을 취하세요

일반적으로 손은 마음을 평안하게 하는 '무드라Mudra(손동작)'를 취해요. 손바닥을 아래로 향한 채 손을 허벅지 위에 편하게 올려놓는 자세예요. 허벅지 위에 놓인 손이 너무 멀리 떨어져 있으면 몸의 정렬이 어긋나고, 몸에 긴장과 통증이 생길 수 있어요. 따라서 바른 정렬로 편안함을 느끼는 자신만의 자세를 찾아야 해요. 몸통은 꼿꼿하게 세워져 있으면서도 편안하고, 몸이 쉽게 앞이나 뒤로 기울어지지 않아요.

졸음이 밀려오면 젠Zen 무드라로 손 모양을 바꿀 수 있어요. 양 손바닥을 서로 포개어 놓고 손을 모아 타원 모양을 만드는 거예요. 이때 양 엄지는 거의 닿을락 말락 하지만 완전히 닿지는 않아요. 되도록이면 손을 다리 위에 그냥 올려두지 말고 살짝 들고 있으세요. 젠 무드라는 의식적으로 손을 들고 엄지가 닿지 않게 신경 써야 해서 정신이 멍하거나 피곤할 때 도움이 될 거예요. 젠 자세에서는 확실히 좀 더 맑은 정신을 유지할 수 있어요.

자신에게 어떤 손 모양이 가장 잘 맞는지 확인해 보세요. 정신을 맑게 하고 싶다면 젠 무드라를 선택하고, 아니면 그냥 마음을 평안하게 하는 다른 무드라를 선택해도 좋아요.

몸은 곧게 세워요

몸에 관해 말하자면, 평소에 우리는 최대한 몸을 이완하고 싶어 해요. 하지만 명상할 때는 몸이 곧게 세워져 있으면서도 이완된 상태여야 해요. 나는 정수리부터 쿠션까지 몸이 일자로 직선을 이뤄야 한다고 배웠어요. 이 일직선이 앞으로 기울거나 구부러지거나 다소 기울어진 걸 알아차리면, 나는 자연스럽게 다시 몸을 바로 세워야 한다는 걸 떠올릴 거예요.

내가 자주 들었던 말은 보이지 않는 실이 정수리를 잡아당기고 있다고 상상하라는 거였어요. 이렇게 생각하면 몸이 가벼워지면서 자세를 바로잡는 데 상당히 도움이 돼요. 하지만 이때 어깨가 따라 올라가지 않도록 주의해야 해요. 어깨에 너무 힘이 들어가지 않게 주의하고, 가끔은 어깨를 으쓱 올렸다가 내리는 것도 좋아요. 이 방법은 요가에서 오래 사용해 왔는데, 경직되기 쉬운 어깨의 긴장을 완화하는 데 도움이 돼요.

몸을 곧게 세운 자세는 의식이 깨어 있고 집중하고 있다는 표시예요. 몸의 앞면은 열려 있고, 허리는 단단히 서 있고, 몸 전체는 최대한 이완되어 있어야 해요. 지금 명상 자세를 잡았는데 어깨가 올라가 있고 긴장한 상태라면 어깨를 최대한 내리려고 해보세요. 먼저 힘을 푸세요. 몸이 앞으로 구부러져 있어 가슴과 배가 무너졌다면 몸을 세워 바른 자세를 만들고 에너지가 순환할 수 있게 하세요. 몸통이 균형 잡히고 이완된 상태에서만 에너지가 계속 순환합니다.

다시 한번 강조할게요. 항상 가슴을 여세요. 명상할 때가 아니라도 마찬가지예요. 책상 앞에 앉아 있을 때든, 밥을 먹을 때든 피곤하면 몸을 구부리고 몸의 앞면과 가슴을 닫기 쉬워요. 몸의 앞면이 활짝 열리면 보통 마음이 가볍게 떠오르는 기분을 느낄 수 있어요. 또한 나쁜 기분이나 감정이 우리 몸을 그대로 통과해 지나가게 하기도 쉬워요. 바른 자세를 유지해서 휘몰아치는 감정이 내 몸을 통과해 지나가면, 마음을 안정시키기도 쉬워요.

눈은 감지 말고 앞을 바라보세요

눈을 감은 채로 명상하는 사람들을 종종 보는데, 눈을 감고 명상하는 게 익숙하더라도, 이제부터는 눈을 뜨고 명상하는 게 좋아요. 눈을 뜨면 깨어남에 한층 더 가까워지기 때문이에요. 우리가 잠들기 위해 명상하는 건 아니니까요. 우리는 특별한 의식 상태에 들어가려는 초월적인 형태의 명상을 하려는 건 아니에요. 그보다는 삶의 모든 특성 또는 살면서 일어날 수 있는 모든 일에 완전히 열려 있기 위해서예요.

우리는 완전한 마음의 균형 또는 평정을 찾기 위해 명상하려는 것이고, 이런 상태의 바탕은 외부 상황의 고요함이 아니에요. 우리 내부의 유연하고 열려 있는 상태를 기반으로 해요. 외부나 내부에서 어떤 일이 일어나든, 현재에 머물 수 있는 능력을 키우려는 거예요.

많은 명상법에서 눈을 감으라고 해요. 하지만 눈을 감고 명상하면 우리가 찾는 현재에 머무르는 느낌이 확실하게 와닿지 않아요. 눈을 감는 명상법은 동남아에 전파된 불교 유파(테라와다Theravada 불교)에서 유래했는데,

이 수행의 목적은 명상하면서 자신의 내면으로 더 깊이 들어가는 거예요. 눈을 감고 명상하도록 지도하는 힌두교 전통에서는 이런 명상법을 통해 일종의 지복至福 또는 초월 상태에 이르는 것이 목표예요.

티베트 불교에서는 어떤 일이 일어나든 매 순간 깨어 있는 것을 목표이자 핵심으로 생각해요. 눈을 뜬 채로 명상하면 모든 장소가 신성한 세계이고, 모든 순간이 삶을 일깨우는 기회를 제공한다는 것을 확실히 인식할 수 있어요.

눈을 뜨면 눈을 감을 때처럼 물러나는 것이 아니라, 지금 일어나는 일들에 부드럽게 주의를 기울일 수 있어요. 모든 것에 열려 있는 생생한 느낌을 경험하기 위해서는 눈을 뜨는 게 아주 중요해요. 우리는 어떤 마음의 폭풍이나 기쁨이 지나가는 순간에도 안정감을 느끼는 법을 배울 수 있어요.

눈을 뜨는 것은 사실 현재에 존재하겠다는 의도를 보여주는 거예요. 마음이 열려 있다는 표시예요. 우리는 명상하는 동안 일어날 수 있는 모든 일을 받아들일 수 있어요. 주위를 둘러보거나 딴생각에 빠지지 않고요.

단체 명상을 할 때면 사람들이 옆이나 앞에 앉을 테고 조금씩 움직이기도 할 거예요. 명상하는 공간에서 일어나는 온갖 일들이 눈에 들어오지만, 명상을 하면 무슨 일이 일어나든 받아들일 수 있어요. 어떤 방해도 없는 상황을 만드는 게 아니기 때문에 우리는 모든 방해에서 벗어나려 하기보다는, 열린 마음으로 방해물과 함께 가야 해요.

시선은 아래를 향하고 1~1.5미터 정도 앞을 바라보세요. 잡생각이 너무 많이 나고 좀 더 안정감을 찾고 싶다면 시선을 더 가까이 두면서 변화를 느껴 보세요. 이때 고개는 숙이면 안 돼요. 항상 앞을 바라보는 것처럼 고개를 곧게 세워야 해요. 고개는 곧게 유지하더라도 시선만 내려서 가까운 곳을 응시할 수 있어요. 마치 코끝을 내려다보는 것처럼요.

시선을 두는 곳을 이리저리 옮기며 시험해 보세요. 내가 제시한 거리는 조금 짧은 편이에요. 시선을 더 멀리 둘 수도 있는데, 그러면 시선이 더 위를 향하겠죠. 시선을 위로 두면 여러 가지 색과 움직임이 보이고, 방 안의 빛을 알아차리게 될 거예요. 주변에 있는 어떤 것이든 잠시 부드럽게 응시하면서 시험해 보세요.

얼굴의 긴장을 풀어요

먼저 입을 살짝 벌리세요. 코와 입에 공기가 똑같이 드나들 수 있을 만큼 약간만 벌리세요. 이때 입을 너무 크게 벌리지는 않아요. 다른 사람이 보면 입을 벌리고 있다는 걸 눈치채지 못할 정도로만 살짝 벌리세요. 입이 살짝 벌어지면 턱이 저절로 이완되면서 실제로 긴장을 푸는 데 많은 도움이 된답니다.

입을 살짝 벌리면 얼굴과 목의 긴장도 풀려요. 마찬가지로 어깨도 이완되고요. 긴장할 때 이를 악물고 있었다는 사실을 깨닫는 일이 종종 있을 거예요. 그럴 때마다 그저 긴장한 상태를 알아차리고 입술을 눈에 띄지 않을 정도로 약간만 벌리세요. 이렇게 말하고 수련생들을 살펴보면 물고기처럼 입을 크게 벌린 경우가 많은데, 그게 아니에요.

명상할 때는 억지로 애쓰는 느낌을 최소화하는 것이 중요해요. 명상하다 보면 생각보다 어려운 일들이 많아요. 육체적으로도 정신적으로도 불편하죠. 평소에는 인식하지 못했던 온갖 것들이 수면 위로 올라오거든요. 그래서 너무 애쓰지 않는 데 중점을 둬야 해요. 그러니까 힘들거나 아프면 자세를 약간 바꿔서 몸을 편안하게 하세요. 얼굴이나 입의 미세한 근육까지 긴장한 곳은 없는지 살펴보세요. 어디가 불편한지 알아차리고, 긴장을 푸세요.

다리를 포개어 앉아요

다리는 앞으로 편하게 포개어 앉으세요. 이 자세가 힘들다면 엉덩이 아래 방석을 깔고 앉을 수도 있어요. 아무것도 없이 완전히 평평한 바닥에 앉는 것을 좋아하는 사람도 있어요. 어떻게 앉든 상관없지만 무릎이 허리보다 높으면 안 돼요. 이런 자세는 통증이 생길 수도 있어요.

다리를 포개어 앉는 게 너무 불편하거나 통증이 점점 심해진다면 의자를 사용하세요. 하지만 의자에 앉더라도 앞의 다섯 가지 포인트는 반드시 지켜야 해요. 의자에 앉아 척추를 곧게 세우고, 가슴은 열고, 손바닥은 다리에 놓고, 눈과 입의 긴장을 푸세요.

여섯 가지 포인트에 집중해요

명상 도중 어느 때고 트룽파 린포체가 말한 것처럼 '현재에 존재한다는 감각'을 떠올릴 수 있어요. 때때로 멍해지거나 몸이 뻣뻣해지는 느낌이 들면, 지금까지 배운 여섯 가지 포인트로 의식을 되돌리세요.

먼저, 안정적인 자리를 떠올리세요. 몸은 앞이나 뒤로 기울면 안 돼요. 곧은 자세를 유지할 수 있는 단단한 기반을 찾으세요. 이제 허벅지 위에 편안하게 놓인 손에 집중하세요. 그런 다음 몸통으로 주의를 옮겨요. 허리는 꼿꼿이 펴고 가슴을 열어 온몸에 에너지가 자유롭게 순환할 수 있게 해야 해요.

다음은 얼굴이에요. 입이 살짝 벌어져 있나요? 얼굴 근육은 이완되어 있나요? 마지막으로, 포개어 앉은 다리에 집중하세요. 다리는 편안하게 이완되어 있나요?

명상 중에 몸이 불편하다고 해서 곧바로 움직이지는 마세요. 조금 더 그대로 머문 뒤에 명상을 계속하면서 천천히 더 편안한 자세를 취하세요. 지나치게 애쓰지 않고 그저 가능한 만큼 긴장을 풀고 편안한 지점을 찾는 것이 중요해요. 각각의 포인트에서 당신은 편안한 느낌, 열린 마음에 닿아야 해요. 깨어 있고 자신감 있는 상태에 이르러야 해요.

4장

먼저 호흡부터 시작해요

호흡을 통해 놓아주는 연습을 할 수 있어요. 호흡 수련으로 온화함을 얻을 수 있고, 긴장을 풀고 몸과 마음을 이완할 수 있어요. 잠시 호흡에 집중해서 몸과 마음이 부드러워지는지 살펴보세요. 그저 숨이 들어오고 나가는 감각을 느껴보세요.

명상은 생각보다 간단해요. 명상할 공간에서 타이머를 맞추고, 최선을 다해 마음을 안정시키고 자세를 바로잡으세요. 편한 자세를 찾았다면 이제는 부드럽게 호흡에 집중할 차례예요. 명상을 지도할 때 나는 수련생들에게 '호흡을 마음이 돌아올 곳으로 생각하고 명상을 시작하라'라고 조언해요. 호흡을 명상의 대상으로 삼는 데에는 여러 이유가 있지만, 가장 중요한 이유는 호흡이 일시적이기 때문이에요.

호흡은 늘 변해요. 고정되지 않고 항상 흘러가요. 호흡에 초점을 두면 집중하기가 쉬워요. 그뿐 아니라 마음을 수련해 만물의 무상無常함에 머물 수 있지요. 생각의 무상함, 감정의 무상함, 보이는 것들과 들리는 것들의 무상함 등 한 곳에 머물지 않는 모든 것을 확인할 수 있어요. 그러니 가장 먼저 호흡에 주의를 기울인다고 생각하세요.

또한 명상 중에 주의가 산만해질 때마다 호흡으로 주의를 되돌리세요. 가능한 만큼 정확하고 명료하게, 들어오고 나가는 호흡의 흐름으로 되돌아오세요. 매의 눈으로 호흡을 관찰하라거나 호흡에만 집중하라는 게 아니에요. 그저 호흡을 '느끼는' 거예요. 호흡을 느끼면서 호흡과 함께 존재하세요. 숨을 들이마시고 내쉬세요.

들숨과 날숨에 집중해요

예전에 한 젊은 여성에게 명상하는 법을 지도하면서 '호흡과 하나가 되세요'라고 했더니, 그녀는 '내버려둔다'라고 말했어요. 호흡이 들어오고 나가게 내버려둔다고요. 나는 이 말이 명상할 때 호흡하는 느낌을 가장 적절히 표현했다고 생각해요. '내버려두기'는 아주 온화한 데다 무언가에 집착하지 않는 느낌을 주니까요.

더 나아가 다시 숨을 들이마시기 전, 날숨의 끝에 존재하는 공간에 주의를 집중해 볼 수도 있어요. 트룽파 린포체는 이것을 '호흡과 공간의 뒤섞임'이라고 표현했어요. 호흡이 들어오면 잠깐의 멈춤이나 기다림 혹은 틈새를 느낄 수 있고, 그러고 나서 주의를 바깥으로 돌릴 수도 있을 거예요. 숨을 내쉴 때는 가능한 만큼 오래 숨을 내뱉으세요. 최대한 가볍고 편안하게 숨을 내보내세요.

트룽파 린포체는 수련생들에게 날숨에 집중하라고 가르치면서 세상을 향해 마음을 열고 집착을 놓아주는 것이 얼마나 중요한지 강조했어요. 숨을 내쉬는 동안 당신은 광활하게 열린 공간의 일부가 된 느낌일 거예요. 그 어느 때보다 열려 있고 포용하는 느낌이 찾아들 거예요.

호흡을 다스리다 보면, 몸과 마음이 일치되는 순간을 느낄 수 있어요. 당신의 몸과 마음은 더 이상 분열되어 있지 않아요. 그래서 명상을 '열린 알아차림(Open Awareness)' 또는 '자연스러운 깨어남(Natural Wakefulness)'이라고도 해요.

꾸준히 수련하다 보면 처음보다 호흡에 주의를 덜 기울여도 차분하게 현재에 머무를 수 있는 자신을 발견할 거예요. '현재에 머문다'는 것은 무슨 뜻일까요? 마치 푸른 하늘처럼 호흡, 생각, 감정, 감각을 비롯한 모든 것을 그저 지나가도록 가만히 둔다는 의미예요.

5장

명상의 기본 태도

이제 명상의 기본(마음의 안정, 자세, 호흡)을 익혔으니, 명상에 필요한 모든 도구를 갖춘 셈이에요. 지금부터는 명상의 기본 태도를 알아볼까요? 우리의 생각과 감정을 다스리는 법은 2강에서 자세히 살펴볼 테니 우선 어떤 태도로 명상해야 할지 생각해 볼까요?

명상할 때는 단순한 태도를 유지하면 좋은데, '계속 지금 이 자리로 돌아오는 태도'예요. 우리가 지녀야 할 기본적인 마음가짐은 '항상 현재로 돌아와 바로 이 곳에 머물러야 한다'는 거예요. 이때 기본 지침은 이리저리 헤매지 않고, 현재에 머물 수 있는 안정된 마음 상태를 유지하는 거예요. 이런 마음 상태는 명상의 여정이 만들어내는 모든 변화의 시작점이 될 거예요.

마음이 한 곳에 머물 때 비로소 변화가 시작돼요. 마음은 우리를 말도 안 되는 곳으로 데려갈 수 있지만, 명상을 하다 보면 마음이 현재와 멀어질 때마다 어떤 일이 일어나는지 정확히 인식할 수 있어요. 이 경험은 아주 미묘할 수도, 아주 극적이거나 격정적일 수도 있어요. 우리는 이런 순간을 알아차리고 호흡으로 돌아와야 해요. 자연스러운 마음 상태는 맑고, 깨어 있고, 민감하고, 기민해요. 그리고 집착에서 자유로워요.

현재에 머무는 연습을 하면 '마음의 특성'을 알 수 있어요. 바로 여기에 머무는 연습을 꾸준히 할수록 마음이 더욱 명료해지는 느낌이 들기 때문이에요. 현재로 돌아온 마음은 맑고 상쾌할 뿐 아니라, 이런 마음을 잘 유지한다면 인생의 온갖 모호함과 고통, 모순도 잘 헤쳐나갈 수 있어요.

현재를 있는 그대로 받아들이세요

앞서 사람들이 명상하는 이유 중 하나로 괴로움을 이야기했어요. 사람들은 보통 괴로움의 근원을 없애기 위해 명상해요. 괴로움의 근원에 닿는 것 역시 현재로 돌아오는 것과 호흡으로 돌아오는 것으로 시작해요. 바로 여기서 확장이 일어날 수 있어요. 억지로 명상을 계속하거나 명상을 그만두면 더 이상은 확장되지 않는데, 자신이 처한 현실을 거부하는 순간 멈추기 때문이에요.

당신은 결국 지금 이 순간이 무한하다는 사실을 알게 될 거예요. 지금 느끼는 감정이 분노, 슬픔, 두려움이라면, 현재로 돌아오는 법을 배울수록 안정되고 확장된다는 말이 모순처럼 들릴 거예요. 하지만 현재로 돌아오는 바로 이 행위를 통해 우리는 사랑과 기쁨 그리고 삶이 주는 활력을 향해 가슴을 활짝 열 수 있어요.

다시 말해, 명상은 평정심 또는 마음의 균형이라는 축복을 선물해요. 명상과 다르마는 우리가 느끼는 긴장감과 스트레스를 직접적으로 다뤄요. 이것을 명상이 주는 '덤'이라고 할 수도 있겠네요.

계속해서 감정적인 반응을 습관적으로 되풀이할 때, 이런저런 생각과 이야기에 휘말릴 때, 고뇌의 뿌리가 자라나고 괴로움이라는 꽃이 활짝 피어나요. 괴로움의 뿌리를 일컫는 단어가 많지만, 나는 종종 이해하기 쉽게 '무지(Ignorance)'라고 말해요. 명상을 통해 우리는 무지 또는 알지 못하는 상태를 다룰 거예요.

'알지 못하는 상태'는 일상에서 우리가 무엇을 하는지 알아차리지 못하고, 이해하지 못하는 현상을 말해요. 여기에는 물을 마시면서도 물을 마신다는 걸 알아차리지 못하거나, 이를 닦으면서 멍해지는 것처럼 삶에서 일어나는 아주 사소한 일들까지 포함해요. 종종 아무 생각 없이 하는 이런 일상적인 행동들은 알아차림이 부족하거나 무지한 상태를 나타내요. 한 번에 여러 일을 하면서 마음을 수백만 갈래로 분산시킬 때마다 사실 스스로 괴로움을 만들어내고 말아요. 이런 습관이 무수한 감정 반응과 잡념을 키우기 때문이지요.

지금 이 순간을 있는 그대로 받아들이고 현재를 살면 만족감은 커지고, 마음의 공간이 넓어지고, 두려움과 불안과 걱정이 줄어들기 시작해요. 명상이 아주 직접적으로 작용한 결과, 자신이 무엇을 하는지 알고, 생각에 휘둘려 괴로움을 키우는 대신 전혀 다른 길을 선택할 수 있다는 사실을 깨달아요. 명상 방석 위에서든 명상을 끝낸 후든, 어떤 순간에도 자신이 줄줄이 이어지는 잡념에 얼마나 깊이 빠져 있는지 점점 더 명확하게 깨달을 수 있어요. 잡념은 괴로움을 불러오는 습관을 강화하기 때문에 매우 해로워요. 이런 사실을 점점 더 명확하게 보기 시작하고, 얼마든지 다른 선택을 할 수 있다는 사실도 깨달을 수 있어요.

이런 사실을 잘 보여주는 사례로 한 수련생이 들려준 이야기를 소개할

게요. 이 수련생은 어느 날 거울을 보고 흰머리를 발견했다고 해요. 그전까지만 해도 기분이 좋았는데 흰머리를 발견한 이후부터는 자기 비하의 악순환에 빠져버리고 말았어요. 기분이 너무 가라앉았고, 누구에게도 사랑받지 못할 거란 감정의 흐름이 시작됐어요. 이 모든 일의 시작은 그저 흰머리 한 올이었어요. 하지만 명상하면서 그녀는 곧 자신이 어떤 상황에 처했는지 알아차렸고, 그러고 나서는 두려움의 악순환에 더는 끌려가지 않았어요. 생각이 자신을 어디로 데려가는지 알아차리고, 다시 호흡으로 돌아왔어요. 지금 이 순간으로 돌아오기로 마음먹은 거예요.

이런 패턴을 알아차리고 악순환을 계속하지 않는 경험이 늘어날수록, 스스로 상황을 다스릴 수 있다는 자신감이 커질 거예요. 그리고 우리가 습관의 일방적인 희생자가 아니라는 사실도 깨달을 수 있어요. 물론 우리가 습관의 희생자처럼 느껴질 수도 있어요. 습관은 아주 교묘하게 우리를 지배하니까요. 하지만 명상은 이런 패턴을 직접적으로 다루고, 스스로 만든 감옥에서 우리를 풀어주기 시작할 거예요.

감정의 악순환에서 빠져나오세요

마음은 모든 괴로움의 원천이지만, 반대로 모든 행복의 원천이기도 해요. 생각해 보세요. 당신을 불만족스럽게 하거나 고질적인 습관을 불러일으키는 것은 무엇인가요? 혹은 당신을 화나거나 외롭거나 질투하게 만드는 것은 무엇인가요? 스스로에게 이렇게 물어보세요. '이 감정들은 외부 상황 때문에 일어난 것일까? 전적으로 외부 상황에서 시작한 것이 맞을까?'

우리는 명상을 통해 마음을 다스려야 하고, 마음을 다스릴 수 있다면 외부 상황에도 잘 대응할 수 있다는 사실을 알 수 있어요. 그러면 우리를 화나게 하고 괴롭히던 것들이나 습관적인 반응을 불러일으키던 것들이 사라지기 시작해요. 그러니 감정의 공격에 사로잡혔다는 걸 발견할 때마다 '여러 감정 중에서 실제로 외부에서 일어나는 건 어느 정도고, 내 마음에서 일어나는 건 어느 정도지?'라고 질문해야 해요.

매 순간 이런 질문을 반드시 해보세요. 부처님의 방식대로 우리의 두려움과 괴로움이 어디에서 생겨나는지 살펴보는 거예요. 이것은 사건의 세부 사항에 마음을 닫아버리고는 "어처구니없군. 이건 명백히 다른 사람의 잘못이야." 혹은 "다른 사람들이 자기 일을 제대로만 해도 내가 이런 문제를 겪지는 않을 거야."라고 말하는 것과는 달라요. 물론 쉽지 않은 일이죠. 우리는 경험하는 것을 항상 사실처럼 느끼니까요. 결국 명상은 마음에서부터 괴로움이 시작된다는 사실을 볼 수 있게 해줍니다.

이제 이렇게 해보세요. 당신이 습관의 악순환에 빠졌다면, 외부 상황이 아무리 터무니없고 부당해 보인다고 해도, 스스로 상황을 다스려야 해요. 무언가 문제가 있다는 건 다스려야 할 것이 있다는 신호예요. 오직 당신만이 자신을 제자리로 돌아오게 할 수 있어요. 바로 이것이 명상의 기본 태도예요.

6장

스스로를 비난하지 마세요

명상할 때마다 어떤 감정을 느끼고 어떤 생각이 떠오르는지 스스로를 비난하지 않는 자세가 중요해요. 자꾸만 자신을 비난한다면 명상은 나에게 혹독해지는 훈련이 될 뿐이에요. 명상할 때 그리고 일상을 살아갈 때 자신에게 먼저 조건 없이 친절한 것이 정말 중요해요. 아무리 강조해도 지나치지 않아요.

나는 아주 오래, 심지어 몇십 년간 명상을 꾸준히 한 사람을 많이 아는데, 이들은 명상을 하면서도 '자애심'을 키우려 하지는 않았다는 사실을 문득 깨달았다고 해요. 그러기는커녕 매우 목표지향적으로, 자신에게 다소 공격적인 방식으로 명상을 했다는 거예요.

남들에게 훌륭한 불교 신자로 보이고 싶다거나, 내게 이로우니까 명상을 해야 한다는 이유로 오랫동안 명상을 했다는 듯이 말이죠. 아주 신기하면서도 당연하게도 명상을 대하는 태도는 세상 모든 것을 대하는 태도와 연결돼요. 나는 이런 경우를 종종 봤는데, 어쩌면 대단히 인간적인 현상일지도 모르겠네요.

자신을 비난하거나 가책을 느끼기보다 가장 현명한 순간의 내 모습은 어떤지, 가장 혼란스러운 순간의 나는 어떤지 확인해야 해요. 모든 면에서 자신을 더 잘 알아야 해요. 어떨 때는 완전히 이성적이면서 마음도 열려 있고, 어떨 때는 완전히 엉망진창이면서 갈피도 못 잡는 나 자신을 말이에요. 명상을 통해 나의 모든 면을 더 잘 알 수 있어요. 이때도 주의할 점은 명상 도중에 어떤 감정을 느끼는지로 자신을 판단하는 것은 스스로를 공격하는 일과 같다는 거예요.

자신을 자비롭게 대하세요

명상을 통해 키우는 굳건한 마음은 곧 '기꺼이 그 자리에 머무르려는 마음'이에요. 우스갯소리처럼 들릴 수도 있지만, 명상은 사실 개를 훈련하는 것과 크게 다르지 않아요. 개가 훈련받듯이 우리도 현재에 머무는 법을 배우는 거죠. 점심에 뭘 먹을지 생각할 때 이 생각에 머무르세요. 월요일에 무슨 일이 일어날지 걱정될 때도 걱정하는 마음에만 머무르세요. 이것은 마음을 무척 가볍게 만드는 자비로운 가르침이에요.

명상은 다음과 같은 점에서 개를 훈련하는 것과 비슷해요. 개를 혹독하게 훈련하면 기다리는 법을 배우긴 하겠죠. 개를 때리고 고함을 질러가며 훈련하면 당장 지시를 따를지는 몰라도 불안에 떨고 겁을 먹을 거예요. 훈련한 대로 명확하게 지시한다면 따르겠지만, 조금이라도 생각하지 못한 일이 벌어지면 가여운 개는 혼란에 빠져 아주 불안정한 상태가 되겠죠.

하지만 온화한 태도로도 얼마든지 개를 훈련할 수 있어요. 온화하고 친절하게 가르치면 개는 기다리고, 따라오고, 구르고, 앉는 방법을 모두 배울 수 있어요. 그뿐만 아니라 융통성 있고 쾌활한 데다 어려운 상황에도 유연하게 대처할 수 있죠. 당연하게도 나는 후자와 같은 훈련을 좋아해요. 명상과 함께 찾아오는 인내심은 물론, 나 자신을 향한 강한 신뢰 역시 매우 온화하고 자비로운 동기에서 시작되죠. 이렇게 자신에게 온화하게 다가가는 것을 '마이트리Maitri(자慈, 자애)'라고 합니다. '자애심' 혹은 '사랑'이라 부르기도 해요.

명상에서는 자신을 친절하고, 다정하고, 자비롭게 대하는 법을 배워요. 수련생들에게 마이트리에 관해 자주 이야기하는데, 마이트리를 종종 그저 내 기분만 좋아지기 위해 이기적으로 구는 '일종의 방종'으로 잘못 이해하는 사람들도 있어요. 무엇이 마이트리고 무엇이 마이트리가 아닌지는 딱 잘라 설명하기 어려워요. 거품 목욕을 하거나 헬스장에서 운동하는 것을 마이트리라고 할 수도 있어요. 한편으로는 아닐 수도 있는데, 이런 행동이 일종의 회피일지도 모르기 때문이에요.

자신을 벌주기 위해 운동하거나, 한결 산뜻한 기분으로 일상을 유지하기 위해 헬스장에서 운동하며 스트레스를 풀거나, 현실을 회피하는 전략일 수도 있죠. 그게 어떤 의미인지는 자신만이 알 거예요.

그래서 마이트리의 의미를 분명히 하고, 일종의 방종으로 오해하지 않는 것이 중요해요. 방종은 우리를 연약하게 만들고, 자신은 물론 삶의 고난을 향해서도 마음을 열어두기 어렵게 만들어요. 나는 '마이트리는 우리를 강하게 한다.'라고 정의해요. 마이트리의 특성 중 하나는 '굳건한 마음'인데, 명상을 통해 점점 발달해요. 지루함이나 고통, 온갖 괴로운 기억을 거쳐 마침내 독특한 에너지나 평화로움, 나른함으로 발달하는 것이 바로

군건한 마음이에요.

어떤 일이 일어나든 자신에게 더 가까이 다가가세요. 그 무엇도 함부로 없애려 하지 마세요. 아무리 애를 써도 여전히 슬프거나 좌절감을 느끼거나 화가 날 수도 있어요. 그럴 때면 당신의 인간적인 면을 떠올려 보고, 당신이 느낄 수 있는 폭넓은 감정 전체를 인식하세요. 자신을 향한 마이트리를 키울 때 마침내 평온한 마음도 얻을 수 있어요.

평온한 마음이란 '좋고 싫음'에 휘말리지 않고, '옳고 그름'을 판단하지 않으며, 고정된 시각에 사로잡히지 않고 자신과 세상을 향한 믿음을 지킨다는 의미예요. 조건 없는 친절이란 경험에 어떤 이름도 붙이지 않고, 자신과 편안하게 공존할 수 있도록 수련하는 거예요. 자신의 내면에서 발견하는 것들에 지나치게 호들갑을 떨거나 좌절할 필요는 없어요.

자신과 진정한 친구가 되세요

일주일 동안 명료하게 보는 것만으로 어느 순간 당신의 나쁜 습관이 모두 사라진다면, 명상은 전 세계적으로 선풍적인 인기를 끌었을 거예요. 어쩌면 마약이나 진정제보다도 명상이 더 좋았겠죠. 일주일 혹은 1년만 인내하면 자신의 나쁜 습관을 볼 수 있고, 괴로움에서 완전히 벗어날 수 있다면, 명상은 '세상 최고의 선물'이 될 거예요. 하지만 우리의 습관은 아주 오랜 시간에 걸쳐 만들어진 거예요. 당신의 나이만큼 습관도 나이를 먹었지요. 만약 윤회를 믿는다면 그보다 훨씬 더 오랜 세월을 이 습관들과 함께하는 것일지도 몰라요.

하지만 놀랍게도 어쩌면 이것이 기회일 수도 있어요. 당신에게 주어진 이 짧은 삶이 사실 기회인 거예요. 이 기회를 놓치지 말고 시간을 어떻게 사용하고 싶은지 생각해 보세요. 명상은 시간이 지나면 서서히 오랜 습관들이 사라질 거라고 믿는 인내의 과정이에요. 우리는 실제로 아무것도 없애지 않아요. 그저 굳건한 마음으로 자신을 믿고, 더 명료하게 알아차리고, 내가 누구이고 무엇을 원하는지 솔직해질 뿐이에요.

몇 년에 걸쳐 명상을 하다 보면 타인과 세상을 향해서도 점점 더 자애심을 느낀다는 사실을 알 수 있어요. 명상 수련을 시작한 지 얼마 되지 않았을 때, 나는 스승님께 커다란 격려가 되는 이야기를 들은 적이 있어요. 스승님은 조건 없는 친절은 '자신과 친구가 되는 것'이라고 말씀하셨어요. 처음에는 이 말이 어렵게 느껴졌어요. 나는 항상 내 안에 있는 것들을 피하고 싶거나 부끄럽거나 고통스럽다고 여겼거든요. 늘 자신을 적으로 돌리는 느낌이었어요. 명상을 하다 보면 내 안에 있는 이 괴로운 것들이 너무나 많이 수면 위로 올라오곤 했어요.

스승님은 자신과 친구가 된다는 것은 내 안의 모든 것을 보고도, 그것으로부터 도망치거나 등을 돌리지 않는다는 뜻이라고 하셨어요. 그게 바로 진정한 친구니까요. 그러니 자신에게 등을 돌리거나 자신을 버리지 마세요. 친한 친구에게 조금 어두운 면이 보인다고 해서 친구를 쉽게 포기하지 않는 것처럼 말이에요.

내 몸과 마음, 나의 순간적인 감정들과 진정한 친구가 되었을 때, 그리고 갈수록 편안하게 스스로에게 적응할 때(이렇게 되기까지는 꽤 오랜 시간이 걸린다는 점을 잊지 마세요), 비로소 '지금 이 순간'에 온전히 머물 수 있어요. 또한 다시 한번 호흡으로 돌아가 자책하기를 멈출 수 있어요.

나는 지금도 힘겨운 감정이 떠오르거나, 그래서 스트레스를 받거나, 그 감정에 습관적으로 반응하려는 나를 느끼면 명상을 시작해요. 오랜 세월

이 흐른 지금은 확실히 예전보다 훨씬 더 안정감을 느껴요. 예전과는 달리 생각과 감정에 쉽게 현혹되지 않아요. 마음이 어지럽거나 걱정이 밀려오더라도 내 마음에 닿을 수 있어요. 모든 일이 잘 풀려서 그런 건 절대 아니에요.

알다시피 삶은 계속 이어져요. 멋지다가도 엉망이고, 살 만하다가도 살기 힘들고, 더없이 행복하다가도 때로는 너무 슬퍼요. 그리고 이런 감정과 함께하는 것, 계속 이어지는 '살 만하다가도 고통스러운 이 삶'을 열린 마음으로 대하는 것, 이것이 내가 명상하는 진정한 이유입니다.

7장

자신의 명상 지도자가 되세요

티베트 불교 전통에서는 명상할 때 '로종Lojong'이라는 간결한 문장을 생각을 확장하는 도구로 사용해요. 하나의 경구를 깊이 살펴 이것이 삶에 부여하는 의미를 생각해 보는 방식이에요. 로종 경구는 우리의 마음과 습관을 더 자세히 들여다볼 수 있게 돕는 훌륭한 스승과도 같아요.

예를 들어 '두 명의 목격자 중에서, 주요 목격자(자신)를 믿어라.'라는 문장이 있어요. 다시 말해, 당신에게 조언하는 사람이 아무리 많고 이들의 조언이 도움이 될 수도 있지만, 근본적으로 무슨 일이 일어나는지 가장 정확히 아는 사람은 자신뿐이에요.

우리는 지금까지 기본적인 명상 방법을 살펴봤어요. 이 조언과 지침을 어떻게 따를지는 당신만 알 수 있어요. 자기 삶의 가장 중요한 목격자는 자신이니 언제든 수련에 무엇이 필요한지 결정하려면 자신만의 통찰을 믿어야 해요. 어떻게 보면 스스로 명상 지도자가 되는 거예요. 내면의 명상

지도자는 항상 나와 함께하고, 내가 정확히 어디쯤에 있는지 알려줘요.

하루 중 어느 때든 멘토나 스승 또는 동료와 함께 명상하라고 조언했지만, 그들은 당신의 명상 과정을 완전히 들여다볼 수 없어요. 당신이 명하니 있거나 너무 긴장하는지, 자신에게 혹독하게 구는지, 온갖 잡념으로 머릿속이 엉망진창인지, 감정에 지나치게 사로잡혔는지 알 수 없어요. 내가 어떤 기분인지 아는 사람은 오직 나 자신뿐이에요. 내가 얼마나 탁 트인 느낌인지, 얼마나 평온하거나 안정되었지 아는 사람도 자신뿐이에요. 그런 면에서 우리는 모두 명상 수련에서 자신을 지도할 만한 지혜를 충분히 갖추고 있어요.

예를 들어, 당신의 스승은 당신이 언제 온전히 현재에 머무는지, 허리가 너무 아파 자세를 바로잡아야 하는지 알 수 없어요. 이런 순간을 당신만이 느낄 수 있기 때문이에요. 나의 스승, 최걈 트룽파 린포체는 "자, 이제 명상합시다."라고 말씀하시고는 시작을 알리는 공을 울리곤 했어요. 스승님은 "다들 자세를 바로 하세요. 숨이 들어오고 나가는 것에 의식을 집중하세요. 그저 알아차리는 겁니다. 열린 마음으로 여러분의 호흡을 알아차리세요."라고 말씀하셨어요.

이렇게 20분쯤 명상하고 나면 명상의 끝을 알리는 공이 다시 울리곤 했어요. 스승님은 "이 시간 내내 여러분이 진정으로 명상한 때는 제가 끝을 알리는 공을 쳤을 때뿐입니다."라고 말씀하셨어요.

보통 정말로 그래요. 모두 자세를 잡고 호흡과 함께 존재하려고 애쓰죠. 하지만 어떤 소리나 생각이 명상의 대상이 되기보다는 자꾸만 명상을 방해하고 말아요. 많은 사람들이 타이머나 공이 울릴 때 명상을 시작하고, 이 경험은 잠깐 유지되다가 사라져 버려요. 사람들은 너무나 쉽게 명상에서 벗어나고 말아요. 그러다 명상 시간이 끝나 공이나 타이머가 다시 울릴 때, 마침내 깊고 길게 숨을 내쉬죠. 그래서 공이 울리는 순간은 종종 명상에서 가장 가슴을 울리는 순간이 되고 말아요. 명상에 집중하려고 지나치게 노력하는 순간 명상의 핵심을 완전히 놓칠 수도 있어요. 하지만 우리는 스스로 명상 지도자가 되어 명상할 때 나타나는 통찰과 은혜를 충분히 파악할 수도 있어요.

때로는 어린아이가 되어 보세요

명상할 때 너무 애를 쓰다 보면 애초에 왜 명상하려고 했는지조차 쉽게 잊어버릴 수 있어요. 그러니 앞에서도 언급했듯이, 자신에게 아주 친절한 지도자가 되어야 해요. 당신이 잘하고 있든 아니든, 정확하게 명상법을 따르고 있든 아니든, 끊임없이 자신을 자책하지 않아도 괜찮아요. 끊임없이 생겨난 방해물이 어떻게 당신의 경험 속으로 들어오는지 알아차리는 게 중요해요. 명상은 우리가 완벽하게 할 수 있다는 생각을 내려놓는 거예요.

명상을 시작할 때, 당신은 물론 공간을 고려하고, 자세를 잡고, 자신의 내면을 잘 살필 거예요. 물론 앞에서 배운 여섯 가지 포인트를 지키고, 호흡에 닿기 위해서도 노력할 거고요. 하지만 자신의 명상 지도자로서 해야 할 가장 중요한 일은 '그냥 긴장을 풀고 명상에 들어가면 돼!'라고 속삭이는 거예요. 그 외에는 아무것도 할 필요가 없어요. 우리의 생각과 감정 사이에, 통증과 고통과 걱정 사이에 존재하는 공간에서 편안히 쉬는 거예요.

이 열린 공간에는 믿을 수 없는 지혜가 존재해요. 우리는 풍요로움의 생생한 현현, 현재의 본질적이고 고유한 현현을 경험할 수 있어요. 노력하지 않아도 괜찮아요. 이 공간을 통제하려 하거나 여기를 뚫고 나가려고 애쓰지 않아도 괜찮아요.

현재에 몰입하는 능력을 때로 '동심童心'이라고 하기도 해요. 아이들은 그만큼 편안하게 현재에 머물면서, 열린 시선으로 현상을 보거든요. 어린 시절 덤불 아래 앉았을 때 어땠는지, 어떤 냄새가 났는지, 할머니 댁에 갔을 때 어땠는지 기억하나요? 할머니의 정원은 어땠는지 기억하나요?

미술관에서 지금 앞에 걸린 그림이 피카소나 르누아르의 작품이란 걸 전혀 모르는 어린아이를 떠올려 보세요. 아이들은 그저 일종의 열린 알아차림으로 그림을 바라볼 뿐이죠. 너무 어린 아기들은 자기가 뭘 보는지도 모르지만, 색채나 형태에는 완전히 열려 있어요.

명상은 지금 이 순간 보이는 것을 보고, 들리는 것을 듣는 타고난 능력으로 돌아오라고 우리를 일깨워요. 명상은 의식 없이 생각에 빠져 방황하는 상태와는 대조적으로 온전히 의식하는 연습이라고 할 수 있어요. 이 연습에서 늘 자신을 믿어야 해요. 스승이 믿어주기를 바라는 만큼요.

있는 그대로의 모습으로 자신을 받아들여야 해요. 짜증과 나쁜 습관, 사랑과 헌신, 행복 모두를요. 명상을 통해 인간의 모든 경험을 다정하고 열린 마음으로 받아들이는 법을 배우고, 더 유연한 태도를 가질 수 있어요. 열린 마음으로 현재를 받아들이는 법을 배우면 매 순간이 믿을 수 없을 정도로 특별하고 새로워요. 명상할 때처럼 지금 이 순간에 집중한다면, 우리는 이 다정하고도 불가사의한 세상을 확실하게 맛보는 법을 깨달을 수 있어요.

차창으로 내다보이는 마을 풍경 때문에

기차가 느려지지 않는 것처럼,

기차도 마을에 영향을 미치지 않습니다.

어느 쪽도 서로를 방해하지 않아요.

이것이 바로 명상을 할 때

마음속을 지나가는 생각을 바라보는 방법입니다.

- 딜고 켄체 린포체Dilgo Khyentse Rinpoche

2강

생각에서
자유로워지세요

8장

원숭이처럼 날뛰는 마음

마음의 속성은 끊임없이 생각하는 거예요. 이런저런 생각으로 마음이 어지러운 것은 몸이 호흡하는 것만큼이나, 또는 심장이 혈관을 통해 혈액을 공급하는 것만큼이나 자연스러운 현상이에요. 명상의 숨은 목적은 생각을 없애는 것이 아니라, 마음을 수련해 현재에 머무는 타고난 능력을 되찾는 데 있어요. 우리의 마음은 하나의 대상 또는 하나의 경험에 집중할 수 있고, 지금 이 자리에 머무를 수 있어요.

1강에서 나는 호흡에 집중하면서 명상을 시작하라고 조언했어요. 대개 단 몇 초라도 호흡에 집중하려고 할 때면, 마음이 원숭이나 야생마처럼 날뛰고, 생각은 우리를 세상의 반대편 또는 몇 년 전 일어났던 일로 데려가요. 우리가 명상을 매 순간 하지 않는 이유는 그럴 수 없기 때문이고, 그럴 수 없는 이유는 우리의 마음이 엉망진창이기 때문이에요. 마음도 수련이 필요해요. 하지만 지금보다 더 나아지려고 마음을 수련하는 건 아니에요.

그저 마음을 생생하게 깨우기 위해 수련하는 거예요.

생각을 억지로 밀어내지 마세요

예전에 나는 약 4분 정도 내가 하던 일과 완전히 단절되는 경험을 했어요. 아주 잠깐이었지만 바로 알아차릴 수 있었어요. 집중하던 순간이 그냥 사라졌고, 나는 이리저리 헤매는 마음을 따라갔어요. 그때 '이럴 수가! 인간의 마음이란 정말 잠시도 한 자리에 머물지 못하는구나!'라고 생각했어요.

이런 경험을 이야기하면 항상 멋진 질문으로 보답하는 총명한 사람들이 있었어요. 그들은 이렇게 말했죠. "제 경험으로 보면 마음은 저절로 산만해지고, 저절로 여기저기 헤매는 것 같아요. 하지만 우리가 살아가며 창조적인 일을 하기 위해서는 마음이 이렇게 늘 움직여야 하지 않나요?" 이 질문의 답을 찾는 여정이 내가 불교를 선택한 이유 중 하나였죠.

부처님은 "내가 하는 말을 모두 진실로 받아들이지 마라. 직접 경험하면서 실제로 시험해 보아라."라고 말씀하셨어요. 나는 이 말이 옳다는 것을 깨달았어요. 사람은 누구나 어느 정도 헤매고 나서야 현재에 존재하고, 창조적으로 몰입하는 삶을 살아갈 수 있다는 것을 깨달아요.

명상을 하다가 당신의 마음이 현재에서 떠나 있다는 것을 알아차리면 다시 불러들이면 돼요. 자꾸만 당신을 다른 곳으로 데려가려는 생각을 밀어내지 않고, 오히려 생각에 주목하고 호흡으로 돌아오는 거예요. 명상하는 동안 자신이 다른 생각에 빠져 있는 것을 알아차리고, 그저 그 사실을 받아들이세요. 그러고 나서 호흡으로 돌아오세요. 생각보다 간단해요.

9장

생각은 떠도는 구름과 같아요

많은 명상 서적에서 잡념의 세 단계에 관해 이야기해요. 첫 번째 단계는 완전히 정신이 나간 상태예요. 생각은 한동안 우리를 현재에서 멀리 떨어뜨려 놓는데, 이것을 '환상'이라고도 불러요. 이 떠도는 생각에서 돌아오는 과정은 한동안 여기저기를 여행하느라 떠났던 집으로 돌아오는 것과 같아요. 이럴 때의 생각은 가장 명백한 유형의 잡념이죠. 잡념은 환상이나 심지어 망상에 가까운 경험일 수도 있어요.

생각을 따라 헤매다가 다시 돌아왔을 때, 명상과 너무 멀리 떠나 있었기 때문에 자신에게 더욱 혹독해지기 쉬워요. 따라서 생각을 정리할 때는 자신의 태도에 주목하세요. 생각이 나쁘게 느껴지거나 우울함이나 좌절감이 따라온다면, 스스로 편안함과 온화함을 찾을 수 있는 지점이에요. 자신을 좀 더 다정하게 대하세요.

명상 후에도 마찬가지예요. 생각과 행동을 향한 혐오감 또는 비난의 목

소리를 알아차리더라도 너무 심각하게 받아들이지 마세요. 스스로에게 쉴 시간을 주세요. 당신은 비난의 목소리를 바꿀 수 있고, 삶의 모든 과정에 더 친절하고 자비로울 수 있어요. 생각을 '생각'이라고 부르는 것은 편견 없는 태도를 키우는 연습이에요.

비판적인 태도는 명상에 방해가 되고, 엄격한 태도는 깨어남에 방해가 될 뿐이에요. 자신에게 매정하게 구는 경향은 우리 안에 있는 선한 본성인 '불성佛性'에서 나온 것이 아니에요.

우리 모두는 내면에 선한 본성의 씨앗을 가지고 있어요. 이 씨앗을 키우기만 하면 돼요. 내면의 선한 본성을 키우는 과정에는 '우리 마음에 자리잡은 온갖 어지러운 생각으로 자신을 판단하지 않는 태도'도 포함해야 해요. 그 누구도 생각을 통제할 수는 없어요. 명상을 하면서 온화한 태도로 스승의 지도를 충실히 따르려고 노력해 보세요. 우리는 주의를 집중하는 수련을 통해 나와 주변 사람들에게 다정하게 주의를 기울일 수 있어요.

트룽파 린포체는 생각에 끌려가는 마음을 어린아이 같은 순진무구한 태도로 되돌리라고 말했어요. 그는 어머니가 아기에게 음식을 먹일 때, 아기가 자꾸만 다른 곳에 정신이 팔리는 모습을 떠올려 보라고 했어요. 우리는 몇 번이고 다정하게 아기에게 음식을 먹으라고, 숟가락을 보라고 말하고, 그리고 나서 아기의 입안에 음식을 쏙 집어넣어야 해요. 그저 몇 번이고 계속해서 아기의 주의를 돌리려고 노력할 뿐이에요.

생각을 겁내지 마세요

환상과 망상처럼 제정신이 아닌 생각이 잡념의 첫 단계라면, 두 번째 단계는 정신이 팔려 있지만 완전히 나가지는 않은 상태예요. 아마 때로는 두세

문장 정도의 생각이나 이야기에 빠져들어도 다시 깨어서 돌아오는 데는 그리 오랜 시간이 걸리지 않을 거예요. 이럴 때 우리는 환상에 완전히 빠져 있지 않아요. 소리 같은 것에 잠시 정신이 팔렸을 뿐이고, 마음은 잠깐 그 소리를 따라가죠. 혹은 허기에 정신이 팔려 점심에 뭘 먹을까 생각할 수도 있어요. 당신은 재빨리 이 상황을 깨닫고, 제자리로 돌아올 수 있어요.

잠깐 동안 헤맨 경우에도 방법은 같아요. 명상 자세로 앉아서 호흡에 주의를 기울이면 생각이 찾아오고, 생각을 대수롭지 않게 여기면 그저 다시 원래의 자리로 돌아와요. 마음속의 불성이 발현할 수 있게 하고 현재에 더 집중하세요.

생각에 휩쓸려 현재에서 멀어지면 산만함을 키우게 돼요. 지금 이 순간에 머물지 못하는 뿌리 깊은 습관에서 멀어지려면 시간과 노력이 필요해요. 삶에서 온전히 현재에 집중하는 순간은 평균적으로 백 번 중 한 번 정도예요. 따라서 이렇게 잠시 다른 길로 새는 순간들을 인식하는 것도 정말 중요해요. 이런 순간들도 경험으로 쌓이니까요.

몇 주 동안 명상에 전념하면, 마음이 더 산만해지는 것처럼 느껴질 수도 있어요. 많은 사람들이, 심지어 능숙한 명상가들도 "예전보다 훨씬 더 생각이 많아졌어요!" 라고 자주 말하곤 해요. 그들은 생각이 줄어들기보다는 오히려 더 산만해지는 느낌을 받아요. 하지만 이런 현상은 사실 명상과 마음챙김을 시작하기 전에는 얼마나 많은 생각을 하는지 알아차리지 못했기 때문이에요.

이제 당신도 이것을 알아차릴 수 있고, 그래서 더 많은 생각이 드는 것처럼 느껴지는 거예요. 원숭이처럼 날뛰는 마음을 알아차릴 수 있다는 건 사실 아주 좋은 징조예요. 무슨 일이 일어나는지 볼 수 있는 능력이 향상되었다는 뜻이니까요.

잡념의 세 번째 단계는 당신의 주의를 전혀 흐트러뜨리지 않는 생각들이에요. 당신은 앉아서 호흡에 집중하고 호흡과 함께 머물죠. 그러면 옆에서 어렴풋이 들리는 소리 또는 여러 가지 생각이 당신의 주의를 흐트러뜨리지 못해요. 마치 마음 한편에 희미하게 일어나는 생각을 바라보지만, 그 생각에 완전히 빠져들지는 않는 것과 같아요. 이런 경우에는 생각을 '생각'이라고 이름붙일 필요가 없고, 보통은 이 생각 때문에 자신을 비난하지도 않을 거예요. 하지만 명상에서는 이 정도 수준의 생각을 인식하는 것과 당신을 더 멀리 데려가는 생각을 구분하는 것이 중요해요.

명상을 계속할수록, 이런 세 번째 단계의 생각을 더 자주 경험할 가능성이 커요. 계속 명상에 집중하고 생각이 생겼다 사라지는 것을 경험하지만, 이런 생각들이 주의를 흐트러뜨리지는 않을 거예요. 이런 생각들은 의식의 뒤편에서 일어나고, 당신은 여전히 명상의 대상, 즉 호흡에 집중할 수 있어요. 그러니 생각을 없애려고 애쓰지 않아도 괜찮아요. 그건 처음부터 불가능하니까요. 이럴 때는 그저 자신에게 "좋아! 괜찮아, 아무 문제없어. 어떤 생각이 떠오른다고 해서 무조건 이름을 붙일 필요는 없어. 그리고 불안해 할 필요도 없어. 괜찮아."라고 속삭이세요.

생각을 온화함과 인내, 유머로 대하세요

명상할 때 수많은 생각이 떠올라도 편안하게 마음을 다스릴 수 있는 버팀목 같은 세 단어(세 가지 개념)가 있어요. 첫 번째는 이미 이야기한 '온화함'이에요. 생각을 피할 수 없다는 사실을 온화한 태도로 받아들이는 거예요. 산만해지는 순간을 내 의지만으로 통제할 수 없고, 산만한 상태가 얼마나 오래갈지도 통제할 수 없어요.

두 번째 단어는 '인내'예요. 인내는 명상과 수행은 물론, 삶에도 여유를 선물해요. 자신에게 인내심을 가지는 일이 얼마나 멋지고 유용한지 간과해서는 안 돼요. 몇 주 동안 생각에 이끌려 롤러코스터를 탈 수도 있어요. 1시간 동안 명상하면서 호흡과 전혀 연결되지 못하고 과거의 무언가에 집착할 수도 있어요.

명상의 길은 쭉 뻗은 직선 도로가 아니에요. 어떤 날엔 머릿속에서 내는 소리가 아주 작아서 주의가 전혀 산만해지지 않을 수도 있는데, 그러면 '이제 진짜 감을 잡았어. 정말 살아 있다는 느낌이 들어.'라고 생각할 거예요. 그리고 나서 어느 날 명상을 다시 시작했는데, 타이어가 울릴 때까지 환상 속에서만 헤맨 뒤 크게 좌절해서 당장 모두 그만두고 싶은 기분도 들거예요.

트룽파 린포체는 이런 경험이 우리를 겸손하게 하기 때문에 매우 좋다고 말했어요. 그는 "우리의 마음은 위대한 스승입니다. 마음에서 딱 알맞은 정도로 자라나는 알아차림과 각성 또는 친절함이 우리를 격려해 주니까요."라고 강조했어요. 자꾸만 떠오르는 생각을 완전히 극복할 수 없다는 한계가 오히려 일상의 균형을 유지해 줄 거예요.

생각을 대할 때 적용하면 좋은 세 번째 단어는 '유머'예요. 온화함, 인내 그리고 유머 감각이죠. 당신의 마음이 날뛰는 원숭이 같다는 사실에 유머 감각을 가지세요. 티베트 불교 교사이자 작가 켄 머클라우드Ken McLeod는 《삶에서 깨어나라(Wake Up to Your Life)》에서 테라와다 명상의 대가인 헤네폴라 구나라타나Henepola Gunaratana의 명언을 인용했어요.

구나라타나는 이렇게 말했죠. "이 과정의 어딘가에서 당신은 자신이 완전히 미쳤다는 갑작스럽고도 충격적인 깨달음에 직면할 겁니다. 당신의 마음은 내리막길을 난폭하게 질주하는 바퀴 위에 앉아 횡설수설하며 비명을 지르는 망나니입니다. 완전히 통제 불능에다 구제 불능이지요. 하지만 괜찮습니다. 당신은 어제보다 나빠진 게 아닙니다. 항상 그래왔는데 이제까지 전혀 눈치채지 못했을 뿐입니다."

우리의 생각은 날씨와 같아요. 날씨는 그저 스쳐 지나가죠. 그러니까 명상을 하면서 생각에 너무 매달릴 필요도, 생각을 완전히 믿을 필요도 없어요. 생각은 생각일 뿐이에요. 현실이 아니에요. 그저 당신의 드넓은 마음하늘 위로 생각이 구름처럼 지나가게 내버려두세요.

10장

생각과 싸우지 마세요

1강에서 명상의 기본을 설명하고, 호흡을 명상의 대상으로 삼으라고 이야기했어요. 특히 날숨에 집중하고 마음이 산만해지면 호흡으로 돌아오라고 조언하기도 했어요. 명상을 습관화하면 명상 대상을 이용해 이런저런 시도를 해볼 수 있어요. 이를테면, 생각 자체를 이용해 수련에 도움을 얻을 수도 있어요. 어쩌면 직관에 어긋나는 소리처럼 들리겠지만, 이런저런 생각은 우리가 마음을 안정시키는 데 도움을 줄 수도 있어요.

티베트 불교의 존경받는 스승인 촉니 린포체Tsoknyi Rinpoche는 생각을 명상의 대상으로 이용하는 것을 '값비싼 고급 호텔의 도어맨이 되는 것과 같다'고 표현했어요. 도어맨은 숙박객이 들어올 수 있게 문을 열고 닫는 일을 해요. 숙박객이 들어오는데, 도어맨이 화장실까지 따라가지는 않잖아요. 마찬가지로 생각이 들어오고 나갈 때 도어맨인 우리는 그저 문을 열고, 생각을 알아차리고, 다시 문을 닫기만 하면 돼요. 이 과정을 반복하는 거예요. 생각은 오고가고, 나타났다 사라져요.

❧

연습하기
생각을 명상의 대상으로 활용해요

- 짧게 명상하기 위해 타이머를 15분에 맞추세요. 우선, 이 책의 1강에서 배운 모든 포인트를 빠르게 살펴보세요. 자리를 잡고, 자세를 바로 하고, 호흡을 확인하세요. 몸에 힘을 풀고, 마음을 편안히 하고, 호흡으로 돌아오세요.

- 다음으로, 마음을 들여다보세요. 어떤 생각이 드나요? 생각들이 끊임없이 흘러가나요? 아니면 몇몇 생각들이 조그맣게 자리 잡았다가 나중엔 더 많은 생각들이 돌아오나요? 문장이 떠오르나요? 문단을 이룰 정도로 많은 생각이 떠오르나요? 그 뒤로 다른 생각이 다시 시작되나요? 아니면 여백이 있었다가, 몇몇 단어가 다시 떠오르고, 그다음에는 또 여백이 많아지나요? 생각이 하나의 대화로 이어지나요? 피로가 몰려오고 말도 안 되는 생각들이 이어지나요? 이 연습의 목적은 생각 그 자체에 집중하는 것이며, 가장 좋은 방법은 생각을 그저 관찰하는 거예요.

- 생각이 어떻게 움직이는지 관찰하고 나면, 이제 그냥 편히 쉬세요.

티베트 불교의 명상 스승이자 작가 밍규르 린포체Mingyur Rinpoche에 따르면, 생각에 휩쓸릴 때 종종 '앗차!' 하는 순간이 찾아온다고 해요. 그는 이 순간이 사실 순수한 명상의 순간이자, 우리가 현재에 완전히 집중한 순간이라고 정의했어요. 이 순간 마음은 그저 자연스럽게 제자리로 돌아와요. 아무런 강요도 없어요. 오랫동안 명상을 계속해서 이런 일이 일어나지 않게 할 수도 있어요. 하지만 깨달음은 자신을 다시 불러들이는 새로운 순간, 명상에서 벗어난 바로 그 순간에 일어나요.

생각이 떠오를 때면 이런 생각들이 지나가게 내버려두세요. 여러 생각들이 맞서 싸워야 할 무언가라기보다는 친구나 협력자가 될 수 있다는 아주 파격적인 생각이죠. 생각이 우리의 주의를 끌고 제자리로 되돌아가라고 다그칠 때, 나는 지금 이 순간에 온전히 자리하기 위해 생각이라는 입장료를 지불할 가치가 충분하다고 느껴요.

11장

생각을 붙들었던 손을 놓으세요

명상을 가르칠 때 소개하면 좋은 또 다른 로종 경구는 '모든 다르마를 꿈으로 여겨라.'예요. 이 말은 모든 생각을 꿈과 같은 것으로 여기라는 뜻이에요. 이것은 훌륭한 명상 지침 중 하나로, 마음으로 모든 것을 만들어낸다는 사실을 깨닫게 하지요.

마음으로 만들어낸 것들은 그리 견고하지 않아요. 실체가 없어서 붙잡을 수도 없어요. 조건반사적으로 만든 관념이자 해석일 뿐이에요. 우리가 생생하게 떠올리는 것이 바베이도스의 해변이든, 아름다운 연인이든, 점심 메뉴이든 바베이도스가 당장 눈앞에 있는 것도 아니고, 점심시간은 아직 다가오지 않았죠.

명상하는 동안 우리는 마음속에서 만들어낸 환상(우리가 '생각'이라고 일컫는 환상) 때문에 두려움, 기쁨, 슬픔, 놀라움, 분노 등 모든 감정을 느낄 수 있어요. 생각은 우리를 울게 할 수도, 웃게 할 수도 있죠. 생각에는 수많은 감정이 담겨 있어요. 일상에서 우리는 생각들에 이리저리 휘둘리고 말아요. 그래서 모두 꿈이라고 여기라는 말은 많은 사람들이 오랜 세월에 걸쳐 발견했던 실재實在의 본질로 우리를 이끌어요. 하지만 실재조차도 우리의 생각만큼 견고하지 않아요.

생각은 꿈과 같아요

생각은 실재하지 않고, 생각에는 그 어떤 실체도 없다는 사실을 받아들이면 엄청난 괴로움과 번민에서 벗어날 수 있어요. 생각은 본격적인 이야기로 발전해 믿을 수 없을 정도의 고통과 혼란을 불러일으키곤 해요. 우리의 삶을 해치고 타인과 연대하는 능력을 파괴할 수 있는 잠재력이 있죠. 생각은 보통 시간이 지날수록 더 많아지는데, 명상은 생각에서 오는 괴로움을 줄이는 법을 가르쳐요. 우리는 생각을 지나치게 과장하지만, 생각은 사실 꿈처럼 아무런 실체가 없어요. 거품이나 구름과도 같아요.

그러니 생각에 빠져 있다는 것을 깨닫는다면, 그저 그 생각을 드넓은 푸른 하늘로 흩어지게 두면 돼요. 생각을 원반처럼 사격하거나, 칼로 자르거나, 망치로 내려쳐서 박살 내지도 않을 거예요. 생각과 싸울 이유가 전혀 없어요. 그저 깃털로 거품을 건드리는 것처럼 생각이 드넓은 푸른 하늘로 흩어지게 하세요.

혹시 꿈속에서 내가 지금 꿈꾸는 중이라는 사실을 자각한 적이 있나요? 이런 꿈을 '자각몽(Lucid Dreaming)'이라고 하는데, 꿈을 꾸면서 그 사실을 자각한다는 뜻이에요. 꿈속에서 실제로 꿈을 꾸고 있을 뿐이라는 사실을 자각하는 것은 매우 강렬한 경험이에요. 나도 몇 번 자각몽을 꾼 적이 있는데, 이 경험은 아주 흥미로웠어요. 꿈속에서 벌어지는 상황이 완전히 실제처럼 느껴졌기 때문이죠. 자각몽에서 무언가를 던지면 실제로 주변의 사물이 부서질 수도 있어요. 거리를 걸으면 생생한 풍경이 보이고, 깨어 있는 것과 똑같은 느낌이 들어요. 자각몽을 계속해서 꾸면 깨어 있는 상태와 꿈을 꾸는 상태가 조금이라도 다르기는 한지 의문이 들기도 해요.

생각도 다르지 않아요. 생각도 꿈과 마찬가지예요. 우리는 생각에서 깨어나 모든 것이 살아 있고 생생한 현재로 다시 돌아가는 길을 선택할 수 있어요. 마음을 너무 꼭 붙잡고 있거나, 생각을 너무 과장하거나, 생각이 우리를 깊은 토끼굴 속으로 데려가게 두지 않으면 돼요.

'전부 꿈이다'라는 말은 곧 '공간이 정말 많다'는 말이 될 수도 있어요. 우리의 마음은 정말로 광활해요. 움직일 수 있는 공간이 생각보다 훨씬 많아요. 사실 그 무엇에도 제약받을 필요가 없어요. 하지만 우리의 습관이나 경험은 정반대죠. 경험은 대개 상당히 협소하거나 닫혀 있고, 우리는 주변의 많은 현상을 견고하게만 여겨서 무거운 부담감을 느껴요. 생각을 집요하게 붙든 손을 풀고 생각을 꿈으로 여길 수 있다면, 이 세상을 온전히 경험하는 능력을 그 어느 때보다 크게 확장할 수 있어요.

감정을 다스리는 가장 현명한 방법은

감정의 본질을 이해하려 노력하는 것입니다.

감정의 기본적인 '존재성(Isness)',

감정의 본질은 에너지일 뿐입니다.

그리고 이 에너지를 이해할 수 있다면,

감정은 당신과 어떤 갈등도 빚지 않습니다.

그저 자연스러운 일일 뿐입니다.

- 최걈 트룽파 린포체
《자유의 신화와 명상법》
(The Myth of Freedom and the Way of Meditation)

감정은 어떻게
다스려야 할까요

12장

자신의 감정과 친해지세요

명상을 할 때 감정을 다스리는 것은 아주 중요한 과제입니다. 우리의 생각은 무척 가벼워서 그저 산만한 생각들이 많아요. '점심에 뭘 먹지?'나 '아침에 식기세척기를 돌리고 나왔던가?' 같은 것들이죠. 때로는 아주 이상한 생각을 하기도 하는데, 누군가는 할머니가 양파를 먹는 모습을 떠올리고 있을지도 몰라요. 그런 생각은 어디에서 왔을까요?

우리는 이런저런 생각에 사로잡힐 때가 많지만, 대부분의 생각에는 많은 감정이 담겨 있지 않아요. 사소한 생각들은 바람처럼 왔다가 마음을 통과해 지나가죠. 때때로 생각이 창조한 환상의 세계에 완전히 사로잡힐 수도 있지만, 이 세계는 한편으로는 다소 단순해요. 그러니 생각에 빠져 있다는 사실을 깨달았다면 "그냥 생각일 뿐이야."라고 말하세요. 생각이 흘러가게 두면 현재에 머무를 수 있어요. 어쩌면 생각은 0.5초 만에 사라질 수도 있어요.

하지만 명상하기 위해 더 오래, 더 자주 자리에 앉을수록 예외 없이 고통스러운 기억들이 떠오를 거예요. 갑자기 지금 느끼는 것들과 씨름해야 하고, 온갖 감정이 뒤얽혀요. 내가 수년간 지도해온 것은 명상할 때나 일상에서나 일단 생각에 빠지면 자신의 상태를 알아차려야 한다는 점이에요. 어떤 자극을 받거나 반응이 일어나면 알아차려야 해요. 이것이 첫 단계에요. 감정이 떠오르는 것을 스스로 인식하는 거예요.

다음으로는 수련생들에게 감정을 내려놓고 견디라고 조언해요. 잠시 멈추고 넓은 공간, 열린 마음과 이어지도록 하는 거예요. 나는 이것을 '멈춤 수련'이라고 불러요. 잠깐 동안 자신을 위해 휴식하는 거예요. 그러고 나서 감정의 특징이나 질감을 받아들이고, 감정에 완전히 기대세요. 슬픔은 어떻게 느껴지나요? 분노는 어떤 느낌인가요? 이 느낌은 몸의 어느 부분에 머물러 있나요? 감정을 명상의 대상으로 삼아 보는 거예요. 내가 이 과정을 열성적으로 가르치는 이유는, 감정 그 자체가 근본적이고 매우 강력한 힘을 지닌 '깨어나기의 한 방법'이기 때문이에요.

이 지점이 모두에게 고비예요. 우리는 감정을 너무나 두려워하고 혐오해요. 자주 감정의 불길에 휩싸이고, 이 불길은 통제하려는 시도가 어리석다는 듯 우리를 휩쓸어 버릴 거예요. 하지만 나는 완전히 다른 접근법을 선택할 수 있다는 사실을 발견했어요. 바로 명상할 때 일어나는 감정 안으로 들어가는 거예요.

감정은 실제로 우리에게 엄청난 힘을 안겨줘요. 나는 감정 다스리기를 '변화의 가속화(Accelerated Transformation)'라고 불러요. 명상하는 시간 동안 힘든 감정을 경험하더라도, 이런 경험 뒤에 꼬리에 꼬리를 무는 이야기를 놓아주면, 우리에게는 그저 에너지만 남을 거예요. 물론 과정이 무척 고통스러울 수도 있어요.

감정을 생생하게 경험할 기회

명상 수련회를 진행할 때면 가끔 TV 카메라가 들어와 명상하는 사람들을 찍는데, 그럴 때면 마치 거기 앉아 있는 모두가 완전한 고요함 속에 놓인 것처럼 보여요. 하지만 사람들 머리 위의 말풍선을 보거나 그들의 내면에 무슨 일이 일어나는지 알 수 있다면, 충격을 받아 쓰러질지도 몰라요. 옆에 앉은 사람은 내가 어린 시절의 끔찍한 경험을 생생하고 가슴이 미어질 정도로 상세하게 떠올리고 있다는 것을 절대 알 수 없어요. 내가 깊은 우울감에 빠져 있거나 세상에서 가장 외설적인 환상을 갖고 있다는 것도 몰라요.

다른 사람에게 어떻게 보이는지와 우리 마음속에 실제로 무슨 일이 일어나는지는 완전히 달라요. 우리는 부처님과 같은 자세로 앉아 있을 뿐이고, 열린 마음과 고요함을 경험하는 것처럼 보이겠지만, 실제로는 전혀 그렇지 않아요. 하지만 나는 부처님도 같은 경험을 했을 거라 생각해요. 우리에게 그런 것처럼, 부처님에게도 명상이 항상 고요하지만은 않았을 거예요.

영화 〈리틀 부다Little Buddha〉에는 부처님을 매혹하는 무수한 감정들과 유혹들을 특수 효과로 보여주는 장면이 있어요. 너무나 많은 것들이 부처님에게 달려들죠. 아름다운 여인부터 권력을 잡을 기회와 공포의 순간들까지, 정말 모든 것이 나타나요. 부처님이 항상 여유가 넘쳤다거나 이런 유혹에 아무런 감정을 느끼지 않았을 거라는 생각은 사실이 아니에요. 하지만 깨달음을 얻었을 때 부처님은 자신을 지나 흘러가는 모든 감정 속에서 평온함을 유지하는 법을 알았어요.

부처님과 마찬가지로, 우리는 자신의 에너지 상태를 알 수 있고, 그 에너지와 함께하면서도 평온함과 안정감을 느낄 수 있어요. 그러니 먼저 자신의 에너지와 친해지세요. 그러면 그것은 더 이상 당신의 삶을 뒤흔들거나 통제하지 못해요.

여러모로 자신의 감정과 친해지는 것은 정말 중요해요. 때로는 죽느냐 사느냐의 문제이기도 하죠. 내 손녀의 이야기를 해볼까요? 손녀의 엄마인 내 며느리는 마흔여덟에 열일곱 살이 된 손녀를 남겨두고 알코올중독으로 세상을 떠났어요. 며느리의 알코올중독은 손녀가 두 살 때부터 시작되어 아주 오랫동안 이어졌어요. 며느리는 재활치료를 받고 10년 동안은 술에 취하지 않았지만, 어느 순간 병이 재발했어요.

그 무렵 손녀는 대학에 원서를 넣느라 에세이를 작성해야 했죠. 대학에 제출한 에세이 중 하나의 주제가 '나를 변화시킨 경험'이었고, 손녀의 에세이는 '2009년 12월 1일 엄마가 죽었다.'라는 문장으로 시작해요. 이 에세이는 너무나 놀라웠어요. 손녀는 엄마가 어떻게 알코올중독으로 죽었는지 설명하면서 이렇게 적었어요. '알코올 중독자들(Alcoholics Anonymous)인 엄마의 친구들은 알코올중독이 무서운 질병이고 일단 붙들리면 벗어나기가 정말 어렵다고 했다. 그게 바로 엄마에게 일어난 일이라고 했다. 나는 그 말이 옳다는 것을 알고 있었다.'

이어서 이렇게 썼죠. '하지만 나는 엄마의 음주에는 무언가 다른 이유가 있을 거라 생각했다. 그래서 엄마가 혼수상태에 빠졌을 때, 엄마의 모든 것을 떠올리려 애썼다. 어린 시절의 기억, 엄마가 자신에 관해 했던 말들, 엄마의 친구들이 엄마에 관해 했던 말들까지 전부 기억하려 했다. 내가 엄마를 너무 많이 닮았기 때문에 엄마가 어떤 사람인지 알아내고 싶었고, 어디서부터 잘못된 건지, 무슨 일 때문에 엄마가 그렇게 젊은 나이에 세상을 떠날 수밖에 없었는지 알고 싶었다.'

이 에세이에서 손녀는 엄마가 스스로를 '특정한 방식으로 존재하는 사람'으로 여기는 고정관념을 가지고 있었다는 결론에 다다랐어요. 그리고 손녀가 내린 결론 중 하나는 인간은 누구나 변한다는 것이었어요. 손녀는 이렇게 덧붙였죠. '자신에 대해 고정관념을 가진다면, 지루하고, 부끄럽고, 힘들고, 슬픈 부분들만은 배제해야 한다. 부정적인 감정들을 배제해야 한다. 그렇게 하지 못하고 자신의 부정적인 면들을 변할 수 없는 것으로 여긴다면 그 생각은 속에서부터 자신을 갉아먹는다. 자신을 향한 고정관념은 스스로를 계속해서 괴롭히는 '웅웅거리는 소리'와 같고, 우리는 이것에서 벗어나기 위해 출구를 찾아야 한다. 그리고 엄마의 출구는 바로 술이었다.'

온전히 현재에 머물고 삶을 후회 없이 경험하려면, 우리의 모든 감정을 인식하고 기꺼이 받아들여야 해요. 부끄러운 부분뿐만 아니라 분노, 질투, 부러움, 자기연민 그리고 우리를 흔드는 이 모든 혼란스러운 감정들을요.

인간적인 모든 감정을 경험하지 않으려고 헛된 출구를 찾는다면 온갖 고통과 괴로움이 이어질 수밖에 없어요. 명상은 '옳음'과 '그름', '해야만 한다'와 '해서는 안 된다'라는 꼬리표에서 벗어나 우리의 감정을 매우 적나라하고 생생하게 경험할 기회를 제공해요.

13장

감정을 바라보는 두 가지 시선

미국의 불교 교사이자 작가 게일런 퍼거슨Gaylon Ferguson의 《자연스러운 각성(Natural Wakefulness)》에서 내가 정말 좋아하는 구절은 '산만함은 반드시 불만족과 결합한다.'예요. 이 구절을 직접 시험해 볼 수 있어요. 지금 이 순간 있는 그대로의 당신과 있는 그대로의 감정으로 존재하는 것만큼 인간의 고질적인 습관에 반하는 것은 없을 거예요. 굉장히 어렵기는 하지만, 이 연습의 성과는 애쓰지 않는 삶이에요. 우리는 수많은 경험을 거부하지 않고 자신과 세상, 다른 사람들과 온전한 관계를 맺을 수 있어요. 명상의 또 다른 성과는 '감정이 격해지지 않는다'는 점이에요.

호수에 돌을 던지면 무슨 일이 일어나나요? 수면에 파문이 일지요. 아주 큰 돌을 던지면 호수 반대편의 보트까지 흔들릴 수도 있어요. 어떤 감정이 올라올 때 '아, 나는 지금 흥분하고 있어. 가슴이 점점 빨리 뛰어. 두렵고 분해.'라거나, 그저 '아, 내 몸이 반응하고 있어. 난 자극받았어.'라고 인식할 때도 마찬가지예요. 감정을 인식하는 그 순간에는 어떤 공간이 존재해요. 그저 현재에 머무르기만 하면, 이 공간을 발견할 수 있을 거예요. 그리고 바로 이 공간에서 당신이 어떻게 반응할지 선택할 수 있어요.

자신이 느끼는 것이 무엇이든, 감정이 강렬하든 미약하든 날카롭든 불안정하든, 자연스럽게 감정과 함께 머무르거나 감정을 자신과 분리시킬 수도 있어요. 반면 감정의 기세에 휩쓸려 이성을 잃을 수도 있는데, 이것은 대개 자신에게 일어나는 일을 과장한다는 뜻이에요. 그러면 마음속은 갈수록 더 들끓어요. 마치 물 위의 파문이 멀리 퍼지는 것과 같지요.

새로운 관점으로 감정을 바라보세요

감정이 당신을 움직이게 내버려둔다면 감정에 휩쓸리고, 괴로움의 연쇄 반응이 시작될 거예요. 점점 번져가는 파문처럼 자동적인 연쇄 반응이 연이어 일어나고 말아요. 그래서 명상할 때 우리는 파문을 일으키지 않으면서 돌을 잘 내려놓는 연습을 해야 해요. 몇 년에 걸쳐 습관이 된 자동적인 반응과 습관에 의지하기보다는 자신의 감정을 인정하고 감정과 함께 머무르려고 노력해야 해요.

그리고 단 2초만이라도 감정의 연쇄 반응을 일으키지 않는 매우 급진적이고 습관에 반하는 행동을 하면, '알아차림의 공간'에서 일어나는 새로운 작용에 당신의 삶이 완전히 열릴 거예요. 그리고 자신의 감정을 거부하지 않는다면 감정은 친구가 되고 힘이 되어 줄 거예요. 분노는 오히려 마음을 안정시켜 자연스럽고 열린 상태로 되돌려놓는 힘이 될 거예요.

감정은 당신이 완전히 깨어나 현재에 존재하고, 무의식적으로 행동하기보다는 의식적으로 행동하며, 산만해지기보다는 현재에 온전히 집중하는 원동력이 될 거예요.

   그동안 당신의 삶을 잡아먹는 도깨비 같았던 감정은 앞으로도 계속해서 당신을 휩쓸어 정신을 차릴 수 없게 만들 수도 있어요. 아니면 반대로 당신의 진짜 친구 혹은 당신에게 필요한 스승이 되어줄 수도 있어요. 이것은 같은 상황을 바라보는 완전히 다른 시선이에요.

14장

감정은 흐르는 물과 같아요

감정은 자연스럽고 역동적인 삶 가운데서 생겨나요. 생각 또한 자연스럽고 즉흥적으로 나타나지요. 모든 일은 자연스럽게 일어날 뿐, 우리가 일부러 만들어내는 것은 아무것도 없어요. 내 안에서 무언가가 일어나면 그것을 초대해 친구가 되어 달라고, 깨어나기 위한 힘이 되어 달라고 부탁할 수 있어요. 감정이 항상 사악하거나 두려운 것은 아니에요. 감정은 그저 어떤 에너지일 뿐이에요. 감정에 '좋다, 나쁘다' 꼬리표를 붙이는 건 바로 우리 자신이에요.

우리는 각자 자신만의 고유한 감정을 경험하지만, 사실 감정은 누구나 느끼는 거예요. 또한 사람들은 감정을 느낄 때 모두 비슷한 선택을 해요. 다들 어떻게 분노라는 오랜 습관을 강화하는지 알고, 어떻게 억울함과 자기연민을 느끼는지도 알아요. 그 방면에는 도가 텄거든요. 하지만 동시에 지금 이 순간 그런 감정을 품는 사람은 오직 나 자신뿐이에요. 친구나 가족이 내가 생각하고 느끼는 것을 대신 말해줄 수는 있겠지만, 어디까지나 짐작일 뿐 실제로 그런 생각을 하고 그런 감정을 느끼는 것은 오직 자신뿐이에요. 따라서 각각의 감정은 고유할 뿐, 좋거나 나쁘다고 말할 필요가 없어요. 또한 여기에 다른 어떤 이름도 붙일 필요가 없어요.

몇 초 동안 예전의 불쾌했던 감정을 떠올려 보세요. 다만, 지나치게 충격적이거나 고통스러운 감정으로 시작하는 건 권하지 않아요. 우리는 모두 자신을 무력하게 만드는 불쾌한 감정을 경험한 적이 있어요. 누군가 당신이 아끼는 마지막 쿠키를 가져갔을 때 얼마나 짜증이 났는지 떠올려 보세요. 당신이 말하는 도중에 누군가 끼어들었을 때 얼마나 기분이 상했는지도 기억해 보세요. '가벼운 짜증'부터 시작하세요. 이런 '가벼운 감정'을 다스림으로써 우리는 조금씩 힘을 키울 수 있어요. 헬스장에서 꾸준히 아령을 들고 운동하는 것과 마찬가지죠.

지금 이 순간, 바로 여기서 시작하세요. 연습하면 할수록 힘은 점점 더 강해질 거예요. 믿기 어렵겠지만, 가벼운 감정(짜증이나 가벼운 불안)을 잘 다루면 정말 힘든 감정을 다루는 힘도 키울 수 있답니다.

연습하기
기억을 버팀목으로 활용해요

• 잠시 앉아서 이 연습에 활용할 수 있는 다소 고통스러운 기억을 떠올려 보세요. 누군가에게 오해를 받거나 비난당한 기억일 수도 있어요. 가끔

사람들은 기억 자체를 떠올리기도 하고, 또 가끔은 기억을 불러일으키는 어떤 이미지를 활용하기도 해요.

- 다음으로, 기분 좋은 감정을 떠올려 보세요. 좋아하는 사람에게 칭찬받았던 순간처럼 기분 좋은 감정을 불러일으키는 기억이나 이미지를 떠올려 보세요. 긍정적인 느낌의 기억이나 이미지를 생각해 보세요.

- 고통스러운 감정과 기분 좋은 감정을 번갈아 떠올리며 명상을 시작하세요. 먼저 호흡에 집중하고, 호흡을 버팀목으로 삼으세요. 호흡을 현재에 머물기 위한 연습의 동료로 삼으세요. 마음이 산만해지면 그저 호흡으로 돌아오세요. 대략 5분 정도 호흡에 집중하고, 열린 알아차림의 공간에서 편안히 휴식하세요.

- 무엇이든 당신의 연습 대상이나 버팀목이 될 수 있다는 사실을 기억하세요. 이제 불쾌한 감정을 떠올리거나 기억 또는 이미지를 불러들이고 이 감정에 집중하세요. 감정의 본질에 깊이 닿을 수 있는지 확인해 보세요. 누군가 당신의 감정을 설명해 달라고 부탁한다면 어떻게 설명할 건가요? 감정 그 자체에 온전히 주의를 기울여 보세요.

- 어떤 사람들은 감정의 온도나 질감, 감정을 느끼는 몸의 부위를 인식하는 것이 도움이 된다고 해요. 어떤 사람들에게는 아주 쉬운 일이지만, 다른 사람들에게는 무척 어려운 일이기도 해요. 그러니 먼저 불쾌한 감정과 함께 현재에 머무르는 데 최선을 다하세요. 짧은 시간 동안 불쾌한

감정을 인식하고 다시 열린 알아차림의 공간에서 휴식하세요.

- 중간에 정신이 산만해지면, '옳다, 그르다' 판단하지 말고 부드럽게 주의를 다시 되돌리세요. 종종 감정은 우리를 과거의 이야기나 특정한 생각으로 데려가요. 그러면 생각을 알아차리고, 감정 자체에 다시 집중하세요. 당신의 감정 속에 열린 마음으로 들어갈 수 있는 가능성이 있어요. 이런 사실이 해방감을 주고 마침내 상당한 안정감을 가져온다는 사실을 알게 될 거예요.

- 당신이 자신의 감정에 호기심을 가지고 감정 속으로 들어가 열린 마음을 느끼는 과정을 경험하면 좋겠어요. 자신에 대한 자비와 타인에 대한 자비가 바로 이렇게 생겨나기 때문이에요. 위에서 설명한 과정을 이번에는 기분 좋은 감정을 떠올리며 반복하세요.

명상 스승이나 지도자가 아무리 강조해도 감정에서 생각으로, 생각에서 고조된 감정으로 이어지는 것을 막을 수는 없어요. 그러니 우리는 자신의 감정 안으로 기꺼이 들어가야 해요. 직접 그 감정과 함께 머물며 명상해야 해요. 그러면 감정이 당신을 어떻게 방해하는지 알 수 있을 거예요. 감정은 끊임없이 흐르는 물과 같은데, 우리는 감정을 억지로 밀어내거나 고조시켜 멈춰 세우거나 막아버려요.

감정에 지나치게 매달리면 감정에 실체를 부여하고, 그 결과 감정은 우리에게 너무나 강력한 지배력을 행사하고 말아요. 이런 연결고리를 끊어내기 위해 명상으로 돌아오는 연습을 되풀이하는 거예요. 탐욕과 집착, 바로 이것이 명상에서 실제로 끊어내야 할 것들이에요.

마음이 원숭이처럼 날뛰다가 수십만 갈래로 갈라졌다는 사실을 알아차릴 때마다 이렇게 명상으로 돌아오겠다는 의지가 더 강해졌으면 좋겠어요. 마음의 진정한 본성을 밝혀내겠다는 의욕이 충만하면 좋겠어요. 당신은 자연스럽고 열린 공간과 연결되고, 아주 오래된 집착과 탐욕에서 풀려날 수 있을 거예요.

명상은 감정에 대한 집착을 놓을 수 있도록 전혀 공격적이지 않은 방식으로 온화하고 친절하게 우리를 도울 거예요. 우리가 명상하는 과정에 광활한 공간을 불러들이기 때문이죠. 감정이 흐르는 물처럼 지나가게 내버려둠으로써 감정의 유동성을 인식하는 법을 배울 수 있어요.

15장

어두운 감정에 기꺼이 다가가요

티베트 불교의 존경받는 스승 폰롭 린포체Ponlop Rinpoche의 강연록에 이런 문장이 있더군요. '불성을 찾는 과정에서, 고정되지 않은 본성을 찾는 과정에서, 우리는 기꺼이 손을 더럽혀야 합니다.' '우리를 불안하게 하는 어두운 감정들에 기꺼이 다가가야 한다'는 뜻이죠.

누구나 한 번쯤은 끔찍한 감정을 경험한 적이 있을 거예요. 인간의 본성을 경험하려면 이런 감정들에도 기꺼이 다가가야 해요. 이것은 우리의 자아와 집착을 실제로 경험하는 과정이에요.

이 이야기가 불편하고 부정적으로 느껴지거나 심지어 미친 소리처럼 들릴 수도 있어요. 우리는 대부분 의식적으로든 무의식적으로든 명상하는 순간이 불쾌한 감정과 연결될 필요 없이 긴장을 풀고 몸과 마음이 차분해지는 시간이기를 바라지요. 사실, 많은 사람들이 이런 게 명상이라고 오해해요. 또한 명상이 기분 나쁜 것을 제외한 모든 것을 포함한다고 생각해요. 그리고 무언가 좋지 않은 기분이 들면 '생각'이라고 이름 붙여 멀리 밀쳐버리거나 망치로 쾅쾅 쳐버리죠. 무언가 불쾌하거나 희미한 공포감을 조금이라도 감지하면 '생각'이라는 꼬리표를 붙여 억누르려 하고, 서둘러 명상으로 돌아가 이 불편한 장소에 다시는 들어가지 않으려 하죠.

하지만 폰롭 린포체는 정말 중요한 말을 덧붙였어요. 그는 자신의 감정을 자꾸 피하려고만 하면 절대 불성에 닿을 수 없다고 조언했어요. 깨어나기 위한 메시지를 실제로 들을 수 없다고도 했지요. 우리에게 주어진 유일한 출구는 '그저 문을 통과해 지나가는 것'뿐이죠.

그런데 '감정을 경험한다'라는 말은 무슨 뜻일까요? 그리고 감정은 어떻게 경험할 수 있을까요? 우리를 불안하고 동요하게 만드는 부정적인 것들을 어떻게 인정해야 할까요? 어떻게 우리 손을 더럽힐 수 있을까요?

감정을 생각과 연관 짓는 습관에서 벗어나세요

폰롭 린포체는 "감정을 맛봐야만 진정한 깨달음도 맛볼 수 있습니다."라고 말했어요. 불성은 행복하고 달콤한 감정들로만 이루어지지 않아요. 불성은 모든 것을 망라해요. 불성은 차분함이자 불안함이고, 동요이자 고요함이에요. 괴로움과 즐거움, 편안함과 불편함이에요. 불성은 모든 것에 열려 있고, 모든 것들의 한가운데에서 발견할 수 있어요.

사람들은 이원적 사고를 좋아해요. 어떤 현상을 '좋은 것' 혹은 '나쁜 것'으로 나누고 흑백 논리로 평가하길 좋아해서, 어디선가 다른 강력한 에너지가 올라오면 곧바로 마음을 닫아버려요. 이 강력한 에너지를 다른 생각들(과거의 기억들이나 미래에 대한 환상들)과 연관 짓고, 그러고 나면 무언가 설명할 수 없는 일이 일어나는데, 우리는 이때 '감정을 느낀다'라고 말하죠. 감정은 본질적으로 그저 순수한 에너지일 뿐이지만, 감정을 자신과 동일시하는 이원적이고 양면적인 인식 때문에 이 에너지는 완전히 갇히거나 멈춰 버리고 말아요.

트룽파 린포체는 이렇게 말했어요. "감정은 특정한 에너지와 이원적인 사고 과정으로 이루어지는데 전자는 물에, 후자는 염료나 물감에 비유할 수 있습니다. 기운과 사고가 뒤섞이면 생생하고 다채로운 감정이 됩니다. 관념은 에너지에 특정한 장소와 관계성을 부여하는데, 이것이 감정을 좀 더 생생하고 강렬하게 만듭니다. 감정이 불편하고, 고통스럽고, 짜증스러운 근본적인 이유는 우리와 감정의 관계가 명확하지 않기 때문입니다."

즉, 감정의 에너지 그 자체는 문제가 아니라는 거예요. 우리는 항상 우리와 감정을 연관 짓지요. 무언가를 두려워하거나, 누군가에게 화를 내거나, 자신 또는 다른 사람과의 관계에서 외로움이나 수치심이나 욕망을 느껴요. 그리고 내 경험에 따르면, 종종 무엇이 생각이고 무엇이 감정인지 구별하기 어려워요. 명상하려고 앉아 있는 짧은 시간 동안, 많은 것들이 오가요. 하지만 이 모두를 구별하려고 애쓰지 않아도 괜찮아요.

감정에 너무 많은 의미를 부여하지 않아도 되고, 자신을 감정과 동일시할 필요도 없어요. 단지 그 에너지를 경험하기만 하면 돼요. 그러면 머지않아 감정이 나를 통과해 지나갈 거예요. 하지만 그전에 감정을 머리로 생각하는 게 아니라 마음으로 경험할 필요가 있어요. 호흡에 관해 이야기한 것과 마찬가지예요. 호흡이 들어오고 나가는 것을 경험할 뿐 호흡에 대해 생각하거나 호흡을 관념화하거나 호흡을 감시하지 않으면서 숨을 들이마시고 내쉬는 방법을 찾으라는 것과 같아요.

나는 종종 이것을 감정의 '감각느낌(Felt Sense)'이라고 설명해요. '감각느낌'이라는 말이 딱 와닿는 용어는 아닐 수도 있어요. 예컨대, 당신은 두려움을 여러 번 경험했을 수도 있어요. 그러면 마음속에 무언가를 두려워하는 이야기를 담고 있을 가능성이 커요. 하지만 명상을 통해 잠깐이라도 이 이야기를 멈출 수만 있다면, 당신은 두려움을 실제로 경험할 수 있어요. 이것은 말로 표현하기 힘든 감각적인 경험이죠.

당신은 몸으로 두려움을 알아차릴 수도 있어요. 두려움으로 움츠러들고 긴장한 몸을 느껴보고, 여기서 더 깊이 들어갈 수도 있어요. 가슴에 느껴지는 따끔거림이나 뜨거움, 차가움이나 날카로움으로 두려움을 경험할 수도 있어요.

감각느낌을 그대로 받아들여요

내가 처음으로 감정을 제대로 느꼈던 경험 중 하나는 아주 흥미로웠어요. 그때는 스트레스가 무척 심했고, 나는 좀처럼 스트레스에서 벗어날 수 없었어요. 사실 이런 일은 내 삶에 자주 일어나요. 몇 년 전, 나는 사원에서 지낸 적이 있어요. 그곳에는 나를 자극하는 사람이 있었어요. 그 사람과 나는 상당히 가까운 거리에서 서로를 마주하며 지내야 했고, 이런 경험으로 자극을 받은 것은 내 안의 오래된 기억들과 조건반사적인 반응이었어요. 갑자기 강렬한 감정이 다가올 때면 흔히 일어나는 일이에요.

우리 안에는 수많은 강렬한 감정이 갇혀 있어요. 갇힌 감정 중 일부는 비이성적일 수도 있어요. 마치 어떤 소리를 듣고 몹시 흥분한 개가 된 것처럼 말이죠. 누군가의 표정을 보거나, 누군가 우리를 특정한 방식으로 대하거나, 특정한 어조로 말하거나, 무언가를 떠올리게 하면, 난데없이 두려움이나 분노, 깊은 슬픔 같은 감각느낌이 나타나요. 우리는 대개 이것을 제대로 알아차리지도 못해요. 그저 늘 해왔던 방식대로만 반응할 뿐이죠.

내가 자극받은 것은 무력감이었어요. 상대방은 나를 무척 싫어했는데 당시의 상황에 대해 나와 이야기를 나누려 하지도 않았거든요. 이 상황이 문제를 해결할 수 없다는 좌절감, 상황을 통제할 수 없다는 막막함을 불러일으켰어요. 그녀가 나를 좋아하게 만들 수 없었고, 함께 이야기를 나눌 수도 없었어요. 평소 쓰던 방식이 먹힐 리 없었고, 나는 다시 찾아온 두려움 앞에서 그저 무방비 상태였어요. 복도에서 계속 마주쳤지만 그녀는 냉정하게 나를 지나쳤고, 그녀의 행동은 수백 년 동안 이어져 온 것 같은 조건반사와 상처를 끄집어냈어요.

나는 속으로 '어쩌면 이건 큰 기회야. 아마도 내가 제 발로 들어가면 이번 생에서 혹은 다음 생에서도 이런 문제를 다시는 겪지 않을 거야.'라고 생각했어요. 그래서 어느 날 밤 명상관으로 갔어요. 그곳에서 밤새 앉아 있었어요. 가슴이 답답했고, 달리 무엇을 해야 할지 알 수 없었거든요. 극심한 고통 속에 놓여 있었기 때문에 생각을 많이 하지 않았어요. 이처럼 가끔은 고통이 생각들을 완전히 몰아내기도 해요. 고통에 가득 차면 모든 면에서 말문이 막혀버리는 것 같거든요.

나는 갈등의 본질을 보기 시작했어요. 내 몸에 새겨진 어릴 적의 기억이 언뜻 떠오르긴 했지만, 대단히 충격적인 경험 같은 건 기억나지 않았어요. 대신 내 몸의 세포 하나하나까지 이 특정한 감정을 느끼지 않도록 설계되어 있다는 것을 깨달았어요. 나는 내 안에 뿌리 깊이 자리한 '내가 부족하다는 느낌', '괜찮지 않다는 느낌'을 경험했어요. 그리고 이날의 경험이 결과적으로는 '자아의 완전한 소멸'이라는 것을 깨달았어요.

이 경험을 통해 어떤 말이나 생각에 정신이 팔리는 것의 위력을 알기 시작했어요. 우리는 때로 우리가 만든 전략에 완전히 정신이 팔리고 말아요. 그래서 우리는 자아에 가해지는 핵심적인 고통이나 과거의 이야기에 너무 쉽게 빠져들고 몰두해 버려요. 그 순간부터 감정은 점점 강해져서 우리를 완전히 사로잡아 버리죠.

우리는 어두운 감정으로 기꺼이 손을 더럽혀야 해요. 명상은 우리가 감정을 제대로 느끼고, 경험하고, 맛보도록 해요. 명상을 통해 우리 행동의 이유는 물론, 다른 사람들의 행동의 이유를 찾고 커다란 통찰을 얻을 수 있어요. 이런 통찰에서부터 자비가 생겨나는 거예요. 이런 통찰은 불성에 이르는 길과 우리가 감정을 억누르지 않을 때 이용할 수 있는 완전하고 넓은 공간을 선물해요. 자신의 감각느낌을 받아들이기로 한 순간, 완전히 해방된 느낌이 들 거예요.

폰롭 린포체의 말처럼 '불쾌한 감정이나 상황을 명상의 일부로 받아들일 수 있고서야 당신은 비로소 깨어남에 이르는 길에 설 진정한 자격을 갖춥니다.'

16장

경험을 감싸안으세요

다르마를 가르치는 영국인 승려 아잔 아마로Ajahn Amaro는 "자아를 위협하는 모든 것이 마음을 해방시킨다."라고 했어요. 여기서 그가 말하려 했던 것은 우리를 제한하는 습관들을 없애 가슴을 열어주기 때문에 우리가 명상을 한다는 거예요. 어찌 보면 직관에 반하는 것 같지만, 정말 무시무시하고 끔찍한 감정이 찾아올 때야말로 '이런 경험을 감싸안을 때'입니다.

앞서 언급했듯이, 트룽파 린포체는 감정은 '생각이 얽힌 에너지'라고 정의했어요. 생각을 놓아주거나 마음속에서 일어나는 대화를 중단시킬 수 있다면 감정의 에너지만 남을 거예요. 하지만 명상을 할 때 주의 깊게 살펴야 할 것이 있어요. 강렬한 감정이 일어나면 일단 호흡에 집중하기가 어려워요. 하지만 감정에 집중하는 건 어렵지 않죠.

강렬한 감정이 일어날 때 주의가 호흡에서 감정으로 옮겨간다고 생각하겠지만, 사실 강렬한 감정이 집중을 방해하는 거예요. 강렬한 감정이 다가

오면 무엇을 하든 그 에너지에 집중하기 어려워요.

지난 몇 장에 걸쳐 나는 깨어남에 이르는 길, 온 마음을 다하는 삶의 한 과정으로 감정을 경험하는 것이 얼마나 중요한지 강조했어요. 이것이 바로 우리가 명상에서 얻으려는 것이지만, 사실 하루 종일 해야 하는 일이기도 해요. 명상 후에 감정이 올라오는 경우가 확실히 많으니까요.

명상할 때 모든 것을 순조롭게 느끼고, 아무런 감정도 올라오지 않는 사람도 있어요. 많은 사람들이 그렇죠. 특히 수련을 처음 시작할 때는요. 하지만 명상 수련회에서 원하지 않는 일을 해야 하고, 좋아하지 않는 사람과 함께 일해야 하거나, 정말 내키지 않는 전화를 걸어야 할 때면 곧바로 걷잡을 수 없는 감정이 올라올 거예요. 이런 상황에서 감정이 어떻게 당신의 멱살을 잡는지 지켜보세요.

감정을 회피하려는 전략들

강렬한 감정이 다가오면 주의가 산만해져요. 현재에 주의를 기울이는 연습을 한다고 가정해 볼게요. 우리는 그저 편안하게 열린 상태로 지금 이 순간을 받아들이는 연습을 하고 있어요. 정신적, 시각적, 청각적으로 일어나는 모든 일에 부드럽게 열린 마음으로 주의를 기울이는 연습을 할 수 있어요. 하지만 곧 강렬한 감정이 일어나면 주의가 산만해지는 평상시의 패턴이 어김없이 얼굴을 내밀어요. 명상 중에 강렬한 감정이 일어나면 호흡에 집중하기가 어려워요. 당신은 감정에 완전히 사로잡히고, 감정이 생각과 뒤죽박죽 뒤섞이면서 폭주하고 말아요.

이럴 때면 어떤 전략이든 써서 대처하려 할 거예요. 전투태세에 들어가 '만약 이렇게 했더라면' 같은 이야기를 만들어 공격에 나설 수도 있어요.

익숙했던 것을 파괴하고, 누군가를 탓하고, 복수할 방법을 찾을 수도 있어요. 또는 잠깐의 위안을 찾는 전략을 사용하기도 하지요. 때로는 감정에서 도망쳐 숨어버리기도 해요. TV나 음식 또는 다른 중독적인 쾌락을 추구하는 행위로 주의를 돌리는 거예요. 어떻게 하면 특정한 감정을 직면하지 않거나 느끼지 않을 수 있을지에 집착하기도 해요. 과거의 즐거웠던 기억들에 기대거나 앞날을 계획하면서 주의를 분산시킬 수도 있어요.

위안을 구하는 또 다른 방법은 우리가 얼마나 괜찮은 사람인지 기억하고, 어떻게 상황을 바로잡을지 생각하며 자신을 높이는 거예요. 이런 전략들 때문에 우리는 경험을 있는 그대로, 생생하게, 직접 대면하는 것에서 점점 멀어지고 말아요.

날것 그대로의 감정을 경험해요

통제는 강렬한 감정에 반응하는 또 다른 방법이에요. 우리에게는 상황을 관리하는 나름의 방법이나 전략이 있어요. 자기도 모르는 사이에 한 가지 일에 집중하지 못하고 수많은 다른 감정을 느껴요. 두려워하는 불편한 감정이 올라오면 눈물을 글썽이거나, 피해망상에 빠지거나, 질투하거나, 격분하거나, 걱정해요. 감정을 회피하려는 전략은 정말로 복잡해요. 회피 전략은 여러 방식으로 나타날 수 있고, 심지어 질병으로 나타날 수도 있어요.

병이 꼭 전략은 아니지만, 명확한 이유도 없이 자주 아프다면 아마도 아프다는 것을 자기도 모르는 사이에 이용했을 수도 있어요. 강렬한 감정이 올라오면 본능적으로 자신의 약점에 집중하는 거예요. 실제로 몸이 정말 아플 수도 있지만, 아프다는 걸 이용하는 것일지도 몰라요. 그러니 화가 날 때 자신에게 습관적으로 뭐라고 속삭이는지 알아차려야 해요. 그 속삭임에 이어서 무슨 일이 일어나나요? 마음속에 죄책감이나 자책하는 감정이 올라올 때 자신에게 친절한가요?

수련생들을 일 대 일로 지도할 때면 수행 중 강렬한 감정이 일어날 때마다 너무 쉽게 자신을 판단하는 걸 보게 돼요. "저는 절대 제대로 해내지 못할 거예요."라든가 "너무 어려워요. 못 하겠어요." 같은 말이죠. 당신도 너무 쉽게 자신을 탓하거나 다른 무언가를 탓할 거예요. "처음부터 방법이 이상했어요."라든가 "이건 시간 낭비일 뿐이에요."라고 이야기하면서요.

그러면 수련생들에게 이런 말을 들려줘요. 다른 사람들의 이야기나 자신의 견해를 쉽게 믿지 말고, 일단 그 경험과 함께하라고요. 당신의 몸 안으로 들어간다고 생각하고, 숨을 들이마시고 내쉬기 시작하면서 동시에 경험을 감싸안으려고 해보세요.

'경험을 감싸안는다'는 건 경험을 분명하게 정의한다는 뜻이 아니에요. 그보다는 약점을 숨기지 않고 우리의 인간적인 면을 허용하는 용감한 행동이에요. 이 용기 있는 행동에서 자신은 물론, 다른 모든 존재를 향한 자연스러운 온정이 자라나요. 장담하건대 날것 그대로의 감정을 경험하면 세상을 바라보는 방법과 함께 사랑과 자비를 표현하는 완전히 새로운 방법이 드러날 거예요.

17장

감정과 함께 호흡해요

강렬한 감정이 올라올 때면 종종 강력한 습관도 따라올 거예요. 여러 감정들 속에서 자동적으로 정당화 또는 자기방어를 선택하고 자신만의 이야기를 만들거나, 쾌락을 추구하는 등 행동을 시작할 거예요. 깨어남을 향한 길에서 늘 멈춰서고 마는 곳이 바로 이 지점이에요. 우리의 생각과 감정을 삶의 일부로 기꺼이 받아들인다면 엄청난 진전을 이룰 수 있는 지점이기도 해요. 감정이 다가올 때 의식을 몸으로 돌려 숨을 들이마시고 내쉬는 동시에 날것 그대로의 감정을 경험하세요. 그저 호흡에만 집중하려 하면, 이것 또한 감정을 억누를 수 있어요.

예를 들어, 화가 올라오면 화를 가라앉히는 방법으로 호흡에 집중하려 할 거예요. 하지만 더는 분노의 근본적인 에너지에 휘둘리지 않도록 분노를 똑바로 경험해야 할 때가 있어요. 숨을 들이마시고 내쉬면서 분노를 가라앉히는 건 물론 도움이 되지만, 분노는 여전히 거기에 있다가 조건이 맞으면 불쑥 다시 튀어나올 거예요. 분노는 여전히 존재하고, 이전과 다름없이 강력하고, 당신은 항상 그랬듯이 분노를 두려워하니까요. 어쩌면 전보다 더 두려워할 수도 있죠. 분노를 억누를 때마다 점점 더 분노를 두려워하게 되니까요. 분노는 갈수록 적이 되어갈 뿐이에요. 그리고 분노는 언제나 당신보다 강해요. 그러니 두려움마저 직면해야 해요.

호흡은 현재에 머무는 하나의 방법이고, 호흡이 당신의 기반이 될 거예요. 호흡 없이 직면하려 하면, 나와 다른 명상가들의 경험에 비추어 볼 때 너무 쉽게 압도당할 수 있어요.

감정을 회피하지 마세요

감정과 함께 호흡해야 해요. 호흡으로 감정을 밀쳐내는 것이 아니에요. 감정이 쉽게 사라지지 않아도 괜찮아요. 그냥 그럴 때도 있다는 걸 인정하고 내버려두세요. 중요한 건 그동안의 습관이나 관념적인 존재 방식에 기대지 않고 우리의 경험에 의지하는 거예요. 당신은 들숨과 함께 감정을 받아들일 수 있어요. 그저 감정과 함께 존재하는 거예요.

사실, 자신이 바로 감정이에요. 들숨과 함께 감정을 가슴으로 받아들인다고 상상할 수도 있어요. 들숨을 통해 감정을 받아들이는 것은 타인의 입장을 헤아릴 수 있는 출발점이 될 수 있어요. 분노나 두려움, 질투나 결핍을 느낄 때 숨을 들이마시면 헤아릴 수 없이 많은 사람이 바로 이 순간에 나와 같은 감정을 느끼고, 과거에 느껴본 적이 있으며, 미래에도 마찬가지일 거라는 사실을 인식할 수 있어요. 우리는 모두 보편적인 경험 안에 있으니까요. 각자에게는 특별한 이야기겠지만, 그래도 모두에게 보편적인 경험이죠.

물론 쉽지는 않겠지만, 자신의 내면에서 저항이 일어나더라도 일단 경험하는 것이 가장 중요해요. 감정을 다루기 시작할 때 많은 사람들이 그 순간을 회피하려는 모습을 종종 발견해요. 당신도 그랬다면, 두려워하지 말고 그저 그런 상태를 경험하면 돼요. 당신은 깨어나기 위한 긴 여정에서 괴로운 감정을 다스리는 방법까지 함께 터득하며 앞을 향해 나아가고 있어요.

감정을 버팀목으로 활용해요

켄 머클라우드는 무언가를 진정으로 경험하기 위해서는 선택하지 말아야 하는 두 가지 출구가 있다고 했어요. 첫째, 감정의 에너지를 말이나 행동으로 옮기지 않아야 해요. 둘째, 어떤 감정이든 억누르지 말아야 해요. 이 두 가지는 평생 실천할 수 있는 명상 지침이에요. 이 지침을 잘 지키면 무슨 일이 일어나는지 알아볼까요?

감정의 에너지를 말이나 행동으로 옮긴다는 것은 불편한 상황에서 벗어나기 위해 움직인다는 말과 같아요. 나는 이렇게 할 때 그 에너지가 몇 번이고 내게로 다시 돌아오는 것을 경험했어요. 벗어나려 애쓰는 그 에너지가 몸 안에 갇혀 신체적 고통과 질병으로 나타나기도 하죠.

밍규르 린포체는 감정을 회피하거나 억누르기보다 버팀목이자 친구로 여길 때 세 가지 상황이 벌어질 수 있다고 했어요. 첫째, 감정 그 자체로 주의를 돌릴 수 있고, 그 결과 감정이 빨리 사라져요. 둘째, 반대로 감정이 다소 격해질 수도 있어요. 나에게도 종종 이런 일이 일어나요. 셋째, 감정이 아무런 변화 없이 그대로일 수도 있어요.

밍규르 린포체는 이렇게 말해요. "감정은 있는 그대로 사라집니다. 있는 그대로 격해집니다. 있는 그대로 유지됩니다." 감정에 어떤 결과가 정해져 있는 건 아니에요. 그리고 이런 경험들을 '좋다' 혹은 '나쁘다'라고 판단할 필요도 없어요.

나를 포함해 많은 명상가들이 알아차린 것 중 하나는, 우리가 감정과 함께 머물고 호흡에 집중할 때 감정이 바뀔 수도 있다는 거예요. 바로 여기서 감정은 그저 에너지일 뿐이라는 사실을 확인할 수 있어요. 우리만의 생각과 이야기를 덧붙인 에너지에 지나지 않는다는 걸 알 수 있어요. 분노가 슬픔으로 바뀌거나, 외로움 혹은 행복으로 바뀔 수도 있죠. 이 모든 일이 가능해요. 그리고 당신이 이것을 알아차리기 시작한 순간, 나는 이렇게 말하고 싶어요.

"진정한 명상가가 된 것을 축하합니다!"

18장

자신의 감정을 관망하듯 관찰해요

앞서 말했듯이 감정에 빠져 헤매는 이유 중 하나는 감정에 이야기를 덧붙이기 때문이에요. 감정이 격해지면 거기에 빠져 이리저리 휩쓸리고, 자신만의 관점을 잃은 채 외로움과 분노와 절망에 완전히 휩싸이죠. 나는 꽤 오래전에 감정이 격해지도록 부추기는 것은 '내가 스스로 만든 이야기'라는 사실을 발견했어요. 그리고 이 발견은 나를 훨씬 더 자유롭게 만들었어요.

　감정은 물에 던져도 파문을 일으키지 않는 돌멩이와 같아요. 이야기가 없다면 그저 즉각적이고 날것 그대로일 뿐이에요. 감정을 직접 경험하는 것으로는 마음속에 파문이 일지 않아요. 하지만 여기에 이야기가 더해지면 파문은 점점 더 커지고 더 멀리까지 퍼져나가, 세찬 파도와 회오리바람으로 돌변하죠.

　울고 싶을 때 가끔 음악을 틀고 마음껏 슬픔에 잠기기도 하잖아요. 음악이 필요 없다는 것만 빼면 이야기도 마찬가지예요. 이야기는 감정을 증폭시킬 수 있어요. 하지만 감정을 명상의 대상으로 삼거나 친구 혹은 버팀목으로 여긴다면, 마치 강둑에 서서 물결을 관망하는 것과 같아요.

캐나다 노바스코샤주에 위치한 불교 수도원인 감포Gampo 사원의 해안 절벽에는 수많은 깃대가 꽂혀 있어요. 마치 감포 사원의 절벽처럼 우리는 마음에 깃발을 꽂는 실험을 계속하고 있어요. 가끔은 날씨가 잔잔해서 고요한 미풍 속에서 이 멋진 깃발들이 잔잔하게 흩날리는 모습을 바라보지요. 어떤 날에는 엄청난 강풍이 불고, 그러면 깃발들이 순식간에 찢어져요. 깃대와 깃발은 감정을 다스리고 싶을 때 아주 좋은 상징이 될 수 있어요. 고정된 깃대가 깃발을 단단히 잡고 있는데, 갑자기 바람이 세차게 불어와 깃발이 갈기갈기 찢기고 사방으로 흩어져요. 이것이 우리가 경험하는 곤경의 모습이죠.

우리는 사방으로 흔들릴 수 있어요. 감정은 격해지고 생각은 완전히 뒤죽박죽이 되어 버리죠. 하지만 생각이나 감정 자체를 명상의 대상으로 삼으면 깃대의 관점에서 삶을 경험할 수 있어요. 폭풍이 들이닥쳐도 깃대는 절벽에 그대로 서 있을 뿐이니까요.

연습하기
감정에 다정하게 주의를 기울여요

감정이나 감각느낌에 다정하게 주의를 기울이는 연습이에요. 이 과정을 반복하며 감각적인 경험에 도달할 거예요.

- 먼저 타이머를 20분으로 맞추세요. 처음 몇 분 동안은 앉아서 호흡에 집중하세요. 그저 편하게 앉아 호흡하세요. 코와 입으로 공기가 들어오고 나가는 것을 느끼고, 당신의 호흡에서 넓은 공간감을 느끼려고 노력해 보세요.

- 5분 정도 지났다 싶을 때, 강렬한 감정을 담은 기억을 떠올려 보세요. 어쩌면 감정이 즉각적으로 올라올 수도 있어요. 그렇다면 처음으로 나타난 강렬한 감정을 다스리세요. 이 감정은 우리가 흔히 예측하는 부정적인 감정이 아닐 수도 있어요. 어쩌면 기쁨일 수도 있어요.

- 감정이 어떻게 느껴지나요? 감정의 질감과 색을 찾아보세요. 이 감정이 당신의 몸 어느 부위에서 느껴지는지 살펴보세요. 당신의 감정은 날카로운가요, 무딘가요? 당신의 가슴에 있나요, 배에 있나요? 당신은 질문의 답을 찾고 있어요. 마치 "치통은 어떤 느낌이죠?"라고 묻는 것과 같죠. 굳이 말로 설명해야 할 필요는 없지만, 그 느낌이 어떤지는 분명히 알아야 해요.

- 이런저런 생각이 떠올라 정신이 산만해지면, 그저 당신의 상태를 알아차리고 다시 감정을 경험하세요. 그저 느낌을 찾는 일로 돌아오세요.

- 몇 분 후, 감정의 감각느낌은 어떤가요? 모든 경험은 올라오고 또 가라앉는다고 해요. 당신의 경험도 그런가요? 생각은 감정을 얼어붙게 하거나 오랫동안 머물게 할 수 있어요. 우리가 생각을 놓아주면 에너지도 움

직일 수 있어요. 당신도 이런 경험을 한 적이 있나요?

- 감각느낌을 말로 설명해 볼까요? '기분 좋다'거나 '불쾌하다'거나 '고통 스럽다'거나 '답답하다'라는 말은 어떤 느낌인가요? 당신이 감정을 설명 하는 데 사용한 단어는 어떤 느낌인가요? '찌릿찌릿하다'거나 '긴장된다' 라는 말로 감각느낌을 표현할 수도 있어요.

- 숨을 들이마시고 내쉬세요. 그저 호흡을 느끼고 경험하세요. 경험 안에 머무르세요.

- 강렬한 감정을 경험했다면, 더 깊이 호흡하면서 공간감과 열린 마음을 떠올려 보세요. 아무것도 느껴지지 않고, 그저 멍하고 모호한 상태라면 숨을 들이마시고 내쉬면서 지금 이 순간을 느껴보세요. 멍하고 모호한 상태는 어떤 느낌인가요? 무감각한 건 어떤 느낌인가요?

- 이 연습에 조금이라도 거부감이 든다면 그 느낌마저 온전히 경험하세 요. 이때 자신에게 "이게 뭐지?"라고 물을 수도 있어요. 지루한 건지, 거 부감이 드는 건지, 압도당한 건지, 고통스러운 건지, 기쁜 건지, 졸린 건 지, 자신에게 질문하며 그 경험에 도달해 보세요. 굳이 답을 말로 찾을 필요 없이 경험으로 답을 찾는 거예요.

- 이제 강렬한 감정이 당신의 몸 어디에 있는지 찾아보세요. 감정을 깨어 남을 향한 여정'의 버팀목이자 친구 혹은 조력자로 이용하는 거예요. 이

방법은 '감정이 우리 몸에 작용하는 방식까지 명상의 대상으로 보는 거예요. 가장 간단한 방법은 몸 전체를 대상으로 하기보다 그저 한 부위에 집중해서 느낌을 찾는 거죠. 예를 들어, 체온이 높아지고, 땀이 나고, 손바닥이 축축하고, 미간이 찌푸려지고, 속이 불편한 것 같은 거예요.

밍규르 린포체는 심각한 우울증을 앓던 한 수련생과 명상하면서 어떤 느낌이 드는지 물었어요. 그녀는 "제 몸 전체에 용암이 흐르는 것 같아요."라고 대답했어요. 그러자 린포체는 "좋아요, 바로 그 느낌을 당신이 깨어나기 위한 버팀목이자 친구로 삼을 거예요. 몸 전체에 집중하기보다는 엄지발가락에 먼저 집중해 보세요."라고 말했어요. 온몸에서 무언가가 느껴진다면, 몸의 한 부위에 집중하세요. 그 편이 더 쉬우니까요.

• 타이머가 울릴 때까지 감정을 느끼세요. 타이머가 울리면, 당신이 떠올린 경험 안에서 머무르세요.

이처럼 감정에 집중하는 연습을 한 후에는 속이 뒤틀리거나 가슴에 날카로운 통증이 있는 불쾌한 느낌이 남는 경우도 흔해요. 타이머가 울린다고 그 느낌이 바로 사라지지는 않아요. 하지만 감정을 둘러싼 넓은 공간이 존재한다는 느낌이 들고, 감정에 억눌린 느낌이 줄어들 수도 있어요. 이 연습은 현실에 대응하는 연습과도 같아요. 살다 보면 매번 강렬한 감정이 찾아올 테고, 명상을 통해 내면에 공간을 만드는 법을 배우면 이런 감정들이 나타날 때도 안정감을 느낄 수 있어요.

부처님은 진정한 자유는
삶에서 물러나는 것이 아니라
삶에 더 깊이, 더 의식적으로
참여하는 데 있다는 사실을 깨달았습니다.

-밍규르 린포체

감각을 명상의
대상으로 삼으세요

19장

삶은 선택에 따라 달라져요

무엇이든 명상의 대상으로 삼을 수 있어요. 자꾸만 떠오르는 생각이든 강렬한 감정이든 당신에게 다가오는 것이라면 무엇이든 활용할 수 있어요. 이때 명상의 대상은 순수한 기쁨일 수도 있고, 순전한 고통일 수도 있어요. 오직 당신의 선택에 달렸어요.

명상 중에 냄새에 집중한다면, 어느새 이런 생각에 빠진 자신을 발견할 수도 있어요. '냄새가 지독하군! 음식에 이런 향을 사용하면 안 돼.'라거나 '아, 오트밀을 굽네. 구운 오트밀을 먹으면 소화가 잘 안 되고 며칠 동안 속이 안 좋을 텐데.' 그러면 당신은 명상을 포기하고 요리사에게 불평하며 수련회장을 나올 수도 있어요. 이 모든 건 냄새 하나 때문에 일어난 일이에요.

지각(청각, 시각, 촉각, 미각, 후각)을 대상으로 하는 명상은 때로는 사소하기 그지없는 것도 우리를 본격적인 내면의 전쟁으로 몰고 갈 수 있다는 사실을 보여줘요. 아니면 그저 습관적으로 챗바퀴를 돌며 환상의 세계 속에 머무르게 할 수도 있어요. 지각은 우리가 아주 단순한 감각마저 어떻게 괴로운 감정을 떠오르게 하는 기억으로 발전시켜 스스로를 괴롭히는지 보여줘요. 동시에 지각은 즐거움과 기쁨, 환희로 들어갈 수 있는 기회가 되기도 해요. 지각이 불러오는 감각들은 아주 생생해서 우리를 지금 이 순간의 한가운데로 데려다 줄 수 있어요.

지각과 함께 명상하면 '경험의 직접성'에 바로 닿을 수 있는데, 이것이 경험을 겁내지 않고 광활한 세계에 이르는 길이에요. 반대로 이런 지각이 당신을 좁은 곳에 가둘 수도 있어요. 소리는 십여 년 전의 기억까지 되살리고, 냄새는 냉장고를 청소해야 한다는 사실을 떠올리게 하니까요.

지각과 함께 명상할 때는 끊임없이 뻗어나가는 생각을 멈추고 소리나 냄새, 감촉 또는 주의를 기울이기로 선택한 어떤 감각으로 되돌아와야 해요. 하루를 보내는 동안 모든 사소한 것을 이런 방식으로 수련한다면, 같은 문제가 생기더라도 당신이 유용한 수행 도구를 갖추고 있다는 사실을 깨달을 거예요.

집중하는 대상과 하나가 되세요

우리는 생각의 흐름을 멈출 수 있어요. '내가 꼭 해결해야 하는 문제가 있어.'라거나 '나는 실패했어.'라는 익숙한 이야기도 멈출 수 있어요. 명상으로 마음이 종잡을 수 없이 내달리는 것을 멈추고, 경험의 '감각느낌'이라고 부르는 감정 자체로 되돌아오는 연습을 할 수도 있어요.

마음이 날뛰는 걸 막고 그 순간의 느낌과 함께 머문다면, 깨어남에 이를 가능성으로 충만한 길을 발견할 수 있어요. 경험 안으로 직접 들어가는 것은 이원론에서 벗어나는 거예요. 명상에 지각을 활용해 자신을 반으로 나누기보다는 소리나 냄새 등 우리가 집중하는 것과 하나가 될 수 있어요.

대개 무언가를 경험하는 가장 쉬운 방법은 몸으로 느끼는 거예요. 우리는 주변의 요소들을 몸으로 느끼지만, 냄새나 소리나 시야를 경험하는 일에는 '분위기'도 포함할 수 있어요. 시간이 갈수록 당신은 감각의 분위기를 선명하게 경험할 수 있을 거예요. 그리고 그 느낌을 명상의 대상으로 삼아 천천히 자신을 확장할 수 있어요.

소리를 명상의 대상으로 삼으세요

사람들은 종종 소리를 직접적으로 지각하지 못하는데, 소리가 우리 안의 무언가를 불러일으켜 지각을 흐리기 때문이죠. 시각도 마찬가지예요. 당신이 보는 무언가를 명상의 대상으로 삼기보다는 이 특정한 광경이 연상시키는 너무나 많은 감정에 먼저 빠져들고 말죠. 그러면 제대로 보지 못해요. 하지만 당신은 계속 돌아올 수 있어요. 그저 계속 돌아오기만 하면 돼요. 그런데 그 전에 먼저 당신이 이 수련에 마음의 상처와 조건반사를 함께 가지고 왔다는 사실을 인식해야 해요. 우리는 종종 길을 잃지만, 그럴 때는 그저 직접적인 지각으로 계속 돌아와야 해요.

우리의 지각이 얼마나 복잡한지 한 수감자와 이야기를 나눈 적이 있어요. 감옥에 수감된 사람들은 모두 각자의 방에서 다른 방에 있는 사람들과 이야기를 나누려고 고함을 질렀고, 나와 이야기를 나눈 수감자는 이 소리가 너무 시끄러워 귀청이 터질 것 같았다고 해요. 수감자들은 몇 층 위에 있는 사람과도 이야기를 나눴는데, 다른 소리는 전부 차단하고 서로의 목소리에만 집중하면서 실제로 대화를 주고받을 수 있었어요. 하지만 아직 익숙하지 않은 사람에게는 텔레비전 소리에 수많은 고함과 고성이 오가는 열띤 대화까지 더해져 그저 귀가 떨어질 듯 시끄러울 뿐이었어요.

이 수감자가 감옥에 갇히기 전에 요가를 했다는 걸 알고는 누군가 그에게 바닷소리를 담은 테이프를 보냈어요. 그는 헤드폰을 쓰고 이 테이프를 들었어요. 그저 바닷소리를 듣는 것만으로도 마음이 너무나 편안해지는 걸 발견했죠. 그는 '다른 사람들에게도 선심 좀 써야지. 바닷소리를 들려주면 모두 차분하고 편안해질 거야.'라고 생각했어요.

그는 모두가 들을 수 있게 테이프를 재생했고, 이 단순한 행위가 엄청난 소동을 일으켰어요. 누군가 "저거 들려? 무슨 소리야?"라고 물었어요. 이 감옥이 섬 위에 있었기 때문에 몇몇 수감자는 테이프에서 나는 소리를 바닷물이 올라오는 소리로 착각했어요. 그들은 이내 겁에 질리기 시작했고, 패닉 상태에 빠졌어요. 사람들은 "물이 차오르고 있어!"라고 소리쳤어요. 그들은 교도관에게 "감옥 문을 열어! 여기서 내보내 줘! 이제 곧 물에 잠길 거야!"라고 소리쳤어요. 테이프 속 바닷소리가 예상과는 완전히 다른 효과를 낸 거예요.

나는 이 이야기가 무척 흥미로웠어요. 이 이야기를 듣고 당신도 수감자들과 같은 공포를 느꼈을지 몰라요. 언젠가 당신이 사는 지역에 홍수가 일어났다거나, 어린아이였을 때 높은 파도가 밀려와 집을 쓸어버렸을 수도 있죠. 대부분의 사람들은 바닷소리를 들으면 마음이 아주 편안해진다지만, 사람에 따라 완전히 다른 의미로 받아들일 수도 있어요. 사람들이 소리에 이야기를 부여하면 그 소리는 엉뚱한 결과를 초래할 수도 있어요.

이 이야기는 지각(직접적이고 여과되지 않은 모든 경험)을 연습할 때 어떤 상황을 맞닥뜨릴 수 있는지 보여주는 아주 좋은 사례예요. 지각에는 수많은 마음의 상처와 응어리가 딸려 와요. 그래서 길을 잃었다는 사실을 인식하고, 온화하게 지금 이 자리로 되돌아오는 것이 중요하죠. 지각을 대상으로 연습할 때 심각한 트라우마 반응이나 패닉이 따라온다면, 수련을 완전히 멈추세요. 다시 시작할 준비가 되었다고 느낄 때 수련으로 돌아오세요.

✺

연습하기
소리를 대상으로 수련해요

- 이 연습을 할 때는 자세를 먼저 바로잡고 몸을 편안하게 유지하세요. 수련하는 동안 되도록 움직이지 마세요. 움직이지 말라는 건 자신에게 일부러 모질게 굴라는 게 아니에요. 연습하는 내내 편안한 자세를 찾으려고 꼼지락거리지 않고, 알아차림에 더 집중하라는 거예요.

- 잠시 앉아서 몸의 긴장을 풀고, 몸과 마음에 일어나는 모든 감각을 알아차리세요. 아무런 판단 없이, 그저 긴장을 풀고 당신의 기분은 물론, 몸과 마음의 상태를 알아차리세요.

- 이제 주변의 소리를 들어보세요. 소리를 명상의 대상으로 삼으세요. 당신은 지금 명상의 대상을 정하고 이것을 있는 그대로 관찰하는 '사마타 수련' 중이에요. 그러니 소리에 모든 주의를 기울이세요. 주의가 산만해지면, 그냥 소리로 되돌아오면 돼요.

- 멀리서 들려오는 소리부터 들으세요. 바스락거리는 작은 소리나 근처에서 나는 가까운 소리가 들릴 수도 있어요. 하지만 의식적으로 멀리서 들리는 소리에 먼저 집중하고, 그보다 조금 더 가까이서 들리는 소리가 있다면 그 소리에도 집중해 보세요.

- 이 연습에는 '좋다, 나쁘다'가 없어요. 그저 긴장을 풀고 마음을 열고 들으면 돼요. 생각에 정신이 팔리면 그런 사실을 깨닫고 그저 제자리로 되돌아오세요.

- 침묵에도 소리가 있어요. 침묵의 소리를 들어보세요. 집중하는 도중에 멀리서 혹은 가까이서 무언가 움직이는 소리가 끼어들 수도 있어요. 이때 당신의 심장 소리를 들어보세요.

- 소리가 꼭 방해가 되는 것은 아니에요. 언제든 소리를 명상의 대상으로 삼을 수 있고, 어떤 소리도 환영할 수 있어요.

- 수련이 끝난 뒤에는 그저 편안히 쉬세요. 어떤 자세든 당신에게 가장 편한 휴식 자세를 취하세요.

소리는 아주 흥미로운 명상의 대상이에요. 소리에 집중하면 무언가 새로운 느낌, 거대한 공간감, 완전히 이완되는 느낌이 찾아오지요. 소리를 듣는 과정에는 우리를 크게 확장시키는 무언가가 있어요. 소리를 깨달음으로 향하는 여정의 버팀목이자 친절한 친구로 삼으세요.

시각을 명상의 대상으로 삼으세요

시각을 대상으로 하는 명상은 청각을 다룰 때보다 지속하기가 조금 더 어려워서 많은 연습이 필요해요. 일단 세 가지 시선으로 접근하기를 추천해요. 눈을 감았다 다시 떠서 약간 떨어진 바닥을 보고, 그런 다음 정면을 응시하는 거예요.

보통 나는 눈을 뜨라고 지도하지만, 시선을 항상 특정한 대상에 집중해야 하는 건 아니에요. 보이는 것(공간, 공기, 당신의 시야 전체)을 그대로 받아들이면 돼요. 세 가지 다른 시선으로 연습할 수도 있고, 당신의 눈길이 닿는 무엇이든 명상의 대상이 될 수 있어요. 각각의 시선 그대로 단 몇 분만이라도 머무르세요.

연습하기
보이는 것을 대상으로 수련해요

• 처음에는 눈을 감아도 돼요. 눈꺼풀이 아래로 내려올 때 무엇이 보이나요? 이것을 명상의 대상으로 삼으세요. 한동안 계속 바라보세요. 마음이 산만해지면, 다시 제자리로 돌아오세요.

• 이번에는 당신의 평소 습관대로 하세요. 1~2미터 정도 앞을 바라보는 거예요. 이때도 당신 눈에 보이는 모든 것이 명상의 대상이에요.

- 마지막으로, 정면을 바라보세요. 그냥 정면을 바라보면 되는데, 그저 한 곳을 바라볼 수도 있고, 이것을 명상의 대상으로 삼을 수도 있어요. 시각을 사마타 명상의 대상으로 삼는 거예요.

- 눈으로 응시할 때마다 무엇이 있든 그저 바라보세요. 좋다 나쁘다, 옳다 그르다, 예쁘다 추하다는 판단 없이 그저 바라보세요.

- 눈앞이 흐려지거나 착시가 일어나면, 그것을 바라보며 잡념에 빠지지 않도록 노력하세요. 만약 정신이 산만해진다면, 다시 돌아오면 돼요. 시각을 명상의 대상으로 의식할 때, 종종 착시가 일어나기도 해요. 빛과 구불구불한 선, 번득이는 무언가가 보이는 것처럼요. 하지만 괜찮아요. 좋은 것도 나쁜 것도 아니에요. 그저 받아들이면 돼요. 아무 일도 일어나지 않아도 그것 또한 괜찮아요.

- 주의가 산만해지면 이런 상황도 아주 온화한 태도로 받아들이세요. 그저 놓아주고, 사라지게 두고, 다시 눈앞에 보이는 것으로 돌아오세요. 당신이 보는 무언가가 생각의 연쇄 반응을 일으킨다면, 그저 가볍게 다가가세요. 그리고 다시 보이는 것으로 돌아오세요. 아주 가볍고 편안하게, 아무런 판단 없이 바라보세요. 이 명상이 끝나면 편안하게 휴식을 취하세요.

감각을 명상의 대상으로 삼으세요

감각이나 의식 또는 가끔 내가 일컫는 말로 '의식의 촉감'을 대상으로 한 명상은 언제나 생동감 넘치는 경험이에요. 처음 자리에 앉아서 자세를 점검하는 것으로 시작해 당신의 몸과 기분, 정신이 어떤 상태인지 파악하세요. 비판적인 태도를 버리고 자신의 상태를 파악하는 연습을 해야 해요. 할 수 있다면 이 수련에 다양한 공간감과 편안함(가벼움, 온화함, 친절, 즐거운 감각)을 가져오세요. 그저 순수하게 기뻐하며 당신이 명상에 들거나 빠져나오는 것을 알아차리세요. 그리고 순수하게 기뻐하며 처음의 자리로 돌아오세요.

연습하기
감각을 대상으로 수련해요

- 먼저, 방석에 닿은 엉덩이의 감각을 명상의 대상으로 삼으세요. 아프다거나 편안하다거나 그 어떤 말도 필요 없어요. 그저 감각을 느껴보세요. 엉덩이가 바닥에 닿았다고 생각하지 말고 그저 감각만 느끼세요. 좀 더 직접적이고 감각적인 경험으로 들어가 보세요.

- 다음으로 손(손이 다리에 닿는 감각)을 느껴보세요. 손이 어디에 닿아 있든 이 직접적인 감각을 느껴보세요.

- 감각을 느끼기 어렵다면 손을 아주 살짝 움직여도 좋아요. 아니면 한 손가락만 움직여 감각을 일깨울 수도 있어요.

- 아직 이렇게 하지 않았다면, 손바닥이 아래로 향하게 손을 허벅지 위에 두세요. 손에 맥박이나 찌릿한 감각이 느껴지나요? 잠시 동안 손에 주의를 집중하세요. 손에 맥박이나 찌릿한 감각이 느껴지는지 살펴보세요.

- 팔에 어떤 느낌이 드나요? 팔에서도 맥박이 뛰는 느낌이나 찌릿한 감각 등을 느낄 수 있나요?

- 배나 가슴에서는 맥박이나 찌릿한 감각 혹은 다른 감각이 느껴지나요? 여기에는 어떤 감각이 존재하나요?

- 몸은 어떤 느낌인가요? 손, 팔, 배, 가슴에서 어떤 에너지가 느껴지나요? 몸 안에서는 어떤 감각을 느낄 수 있나요?

- 배는 대체로 긴장한 경우가 많아요. 혹시 배에 쥐어짜는 것 같은 감각이나 긴장감이 느껴지는지 살펴보고, 만약 그렇다면 배를 이완시키며 그 감각을 느껴보세요. 배가 계속 긴장한 상태라면 그저 배를 이완할 수 있는지 확인하고, 아랫배(배의 말랑한 부분)의 긴장감과 이완되는 감각을 느끼세요. 숨을 쉴 때 배가 올라가고 내려가는 것이 느껴지나요? 자신의 배를 바라보거나 무언가를 떠올리지 말고 그저 느끼세요. 숨이 들어오고 나가는 감각을 느껴보세요. 가끔은 호흡이 깊어지거나 얕아질 거예요. 호흡이 어떻든 그저 경험하세요. 코나 입을 통해 당신의 몸을 드나드는, 있는 그대로의 호흡을 경험하세요.

- 들숨과 날숨을 명상의 대상으로 삼으세요. 호흡을 직접 경험할 수 있는지 살펴보세요. 그저 호흡을 느끼는 것일 뿐, 참거나 억지로 하는 게 아니에요. 아주 자연스럽게 열린 마음으로 호흡이 드나드는 것을 알아차리는 거예요. 트룽파 린포체는 "호흡과 함께 존재하세요. 호흡과 하나가 되세요."라고 조언했어요.

- 편안한 상태를 유지하고, 생각에 자꾸만 끌려간다면, 그저 친절하게 생각을 알아차리세요. 그러고 나서 들숨과 날숨으로 다시 돌아오세요. 호흡과 함께 존재하고, 자연스럽게 호흡이 들어오고 나가도록 두세요.

- 통증이나 긴장감, 불편함에 주의를 기울일 수도 있어요. 몸에 통증이나 긴장감, 불편함이 느껴진다면 이것을 명상의 대상으로 삼으세요. 아프거나 긴장해서 뻣뻣하거나 불편한 부위를 그저 느끼고, 경험하세요. 가볍게 그러나 자비롭게 주의를 기울이세요. 통증도 명상의 대상이 될 수 있어요. 그저 우리가 통증이나 긴장감, 불편함이라고 부르는 감각을 느끼세요. 통증이 있는 부위에 곧바로 주의를 기울이고, '나의 통증'이나 '통증을 앓고 있는 나'라고 이름 붙이는 대신 단순한 감각으로 경험하세요.

최근 내 친구는 아주 멋진 발견을 했어요. 일반적으로 명상 지도자들은 호흡을 명상의 대상으로 이용하는 것이 가장 흔한 방법이라고 말해요. 호흡을 가볍게 알아차리는 거죠. 그런데 이 친구는 호흡을 명상의 대상으로 삼을 수 없었어요. 그래서 그녀를 잘 아는 누군가가 명상의 버팀목으로 지각을 활용하라고 가르쳤고, 그 편이 훨씬 도움이 된다는 걸 깨달았어요.

실제로 그녀가 자신의 무릎 위에 놓인 손을 느끼고, 허벅지와 무릎, 바닥에 닿은 발이나 방석 위의 엉덩이를 느끼자 명상의 대상을 버팀목으로 사용한다는 말의 의미를 열린 마음으로 받아들일 수 있었어요. 친구는 심한 천식을 앓고 있어서 호흡에 집중하기가 무척 힘들었지만, 호흡 대신 다른 감각에 집중하자 명상에 몰입할 수 있었어요. 이 일을 계기로 친구는 어떤 대상이든 명상의 버팀목으로 활용할 수 있다는 사실을 깨달았죠.

미각을 명상의 대상으로 삼으세요

먹는 행위 역시 명상의 대상으로 삼을 수 있어요. 흔히 명상 수련회에서 사람들은 먹는 연습부터 시작해요. 우리 시대의 위대한 스승인 틱낫한 Thich Nhat Hanh도 다른 영적 스승들과 마찬가지로 미각을 강조했어요.

우리가 그를 만났다면, 그는 맛과 감촉에 온전히 집중하면서 오렌지를 한 조각 먹어보라고 했을 거예요. 많은 사람들이 말하는 흥미로운 점 중 하나는 맛을 보는 것, 즉 맛을 직접 경험하는 것과 맛에 관해 생각하는 것을 구별하기가 정말 어렵다는 거예요.

초콜릿을 먹는 경험이 기가 막히게 좋은 예지요. 우리의 머릿속은 늘 달콤하고 부드러운 초콜릿으로 가득하니까요. 체중 감량 때문에 초콜릿을 거의 먹지 않는 사람에게 매우 사악한 누군가가 트러플 초콜릿 세 개가 든 작고 아름다운 상자를 선물한다면 어떨까요? 그 사람은 초콜릿 상자를 열기도 전에 이미 초콜릿이 가져다줄 즐거움을 상상하고 있을지도 몰라요.

초콜릿을 정말 좋아하고 한동안 초콜릿을 먹지 못했기 때문에 아마도 첫번째 초콜릿은 정말 직접적인 경험이 될 거예요. 그러고 나서 두 번째 초콜릿을 먹으면, 초콜릿에 덧입힌 모든 관념이 소용돌이치기 시작할 거예요. 이 시점에서 이미 직접적인 경험을 잃은 셈이에요.

사람들은 이렇게 말하죠. "지각에 집중하는 건 저한테는 너무 어려운 일이에요. 무엇이든 명상의 대상이 될 수 있다면, 저는 머릿속이 엉망진창이고 계속 휩쓸리는 기분이 들 거예요." 나는 이 말을 듣고 그들이 그저 돌아오고 또 돌아오라는 지침을 지키지 못했다는 것을 알아차렸죠. 이 점을 거듭 강조하는 이유는 미각에 집중하며 초콜릿 하나를 먹은 후 두 번째 초콜릿을 먹을 때, 결국 산만해질 수 있기 때문이에요.

트룽파 린포체는 이렇게 이야기했어요. "첫 생각이 가장 좋은 생각이다."라고요. 이 경우에는 생각이 아니라 미각이지만요. 첫 생각 역시 마찬가지예요. 누군가가 나에게 "페마 스님!"이라고 말을 걸어서 돌아본다면, 이것도 새로운 순간이죠. 그리고 나서 두 번째 만남이 다가오면, 그 사람에 대한 인상이나 무슨 말을 할까 하는 기대나 '오늘은 별로 말하고 싶지 않아.'라거나 '정말 만나고 싶었던 사람이야.' 같은 생각들이 먼저 찾아오지요.

첫 순간은 늘 최고의 순간이에요. 어찌 보면 우리의 삶은 이처럼 완전히 새로운 순간과 완전히 새로운 맛으로 가득해요.

연습하기
맛을 대상으로 수련해요

• 맛에 집중하는 법을 쉽게 설명하자면 단순히 맛과 함께 머무는 거예요.

음식을 한 입 베어 물 때(딸기나 건포도처럼 단순한 맛을 가진 음식으로 먼저 연습하면 좋아요), 맛을 더 깊이 느껴보세요. 그저 맛을 경험하세요. 씹는 행위에 집중하는 것도 아니고, 음식의 질감을 느끼려는 것도 아니에요. 그저 맛의 감각만을 경험하세요.

• 딴생각에 빠진 것을 알아차리면 그저 돌아오세요. 다른 생각에 빠져들 었더라도 나쁜 일도 실수도 아니에요. 그저 단순히 맛을 알아차리는 순 간으로 돌아오세요. 이 연습은 맛에 온전히 집중하는 과정이에요. 자신 에게 "나는 맛을 통해 현재에 집중하는 연습을 할 수 있어. 무엇에든 휩 쓸릴 필요 없어. 감정에 휩싸이거나 모진 생각으로 나 자신을 괴롭힐 필 요도 없어. 스트레스나 두려움을 키울 필요도 없어. 나는 멈출 수 있고 이 맛을 버팀목으로 사용해 마음을 안정시키고, 현재에 머무르고, 새롭 고 직접적인 경험으로 돌아갈 수 있어."라고 말하세요.

밍규르 린포체는 '마음과 삶 연구소(Mind and Life Institute, 마음과 삶의 관 계를 탐구하고 과학과 심리학 그리고 불교의 전통을 결합하는 연구기관 - 옮긴이)' 에서 달라이 라마가 시작한 실험에 참가했던 일을 기록했어요. 명상가들 은 기능적 자기공명영상(fMRI, 뇌의 활동을 측정하고 시각화하는 기술 - 옮긴 이) 기계에 들어갔고, 연구자들은 오랫동안 수행한 명상가들의 마음에 무 슨 일이 일어나는지 그래프로 확인했어요.

연구자들은 명상가들이 습관적인 행동을 할 때, 마음이 무의식적으로 작동해서 생각에 잠기거나 감정이 증폭될 때 뇌에 깊은 고랑이 새겨진다 는 사실을 발견했어요. 이 고랑을 '습관 고랑(Habit-grooves)'이라고 하는

데, 우리가 같은 행동을 할 때마다 더 깊이 새겨져요. 이것이 실제로 신경학에서 설명하는 '습관을 깨기가 너무나도 어려운 이유'에요. 우리가 계속해서 이 패턴을 뇌에 점점 더 깊이 새기기 때문이지요.

하지만 딴생각에 정신이 팔려 있었다는 걸 깨달았을 때 갑자기 틈이 생기고, 이 인식은 새로운 신경 경로를 열어요. 새로운 눈으로 세상을 바라보고, 열린 마음을 깨닫는 거예요. 지각을 명상의 대상으로 삼아 마음을 집중할 때마다 새로운 신경 경로가 열려요.

삶에서 괴로움을 키우는 무의식적인 행동을 멈추기가 점점 어려워지는 건 결국 오래된 습관 때문이에요. 이런 패턴을 점점 강화하는 대신, 스스로에게 새로운 길을 선물할 수도 있어요. 기능적 자기공명영상(fMRI) 그래프에서는 지금까지와 다른 신경 경로가 열리는 현상으로 나타나죠. 다시 말해, 이런 순간 우리는 새로운 미래를 만들어내는 거예요. 우리의 선택이 우리의 다음 순간, 다음 날, 다음 해를 만들어요.

당신의 삶은 매 순간 당신의 선택에 따라 결정될 거예요. 내가 경험한 바로는 지각을 다스리는 것은 스스로를 단련해 새로운 길을 만들어가는 상당히 효과적이고 때로는 즐겁기까지 한 방법이에요.

20장

고정관념에서 벗어나세요

우리의 몸과 생각, 감정에서 일어나는 일들을 서로 떼어놓을 수는 없어요. 지각도 마찬가지지요. 모두 밀접하게 연관되어 있기 때문이에요. 어떤 음악이나 소리를 들으면 우리 안에 강렬한 감정이 일어나기도 해요. 갑자기 특정한 기억과 이야기가 떠오르고, 이 모든 것이 뭉쳐 하나의 거대한 덩어리를 이루기도 해요. 이런 경험이 자신을 압도하도록 내버려두지 말고 그중 무엇이든 선택해서 명상의 버팀목으로 삼으세요.

우주의 무한한 잠재력이란 관점에서 보면, 세상은 무슨 일이든 일어날 수 있고 실제로도 그렇다는 것을 우리는 알고 있어요. 우주는 아무런 일도 일어나지 않는 그저 거대하기만 한 공간이 아니라 생각과 감정, 지각의 역동적인 상호작용이 끊임없이 일어나는 공간이에요. 지금 우리 곁에서 일어나는 일들은 본질적으로 새롭고, 열려 있고, 깨어 있는 마음을 발견하는 길에서 우리의 친구이자 협력자가 될 수 있어요.

우리가 경험하는 모든 일에는 아주 깊은 연관성이 있어요. 예를 들어, '분노'라고 일컫는 감정에는 신체적 요소와 시각적 요소가 함께 존재해요. 분노에는 어떤 이야기가 있고, 질감과 색도 있어요. 하지만 그중 어떤 것도 보기보다 견고하지 않아요.

'분노'는 언제든 바뀔 수 있어요. 그리고 움직여요. 내가 분노와 함께 머무르면 분노는 변화해요. 분노의 에너지를 명상의 대상으로 삼으면 분노는 필연적으로 무상無常과 변화라는 깨달음을 보여줘요. 또한 모든 건 일시적이라는 깨달음까지 선물해요. 따라서 현실의 무상함을 경험해 보고 싶다면 한 가지(호흡, 하나의 소리, 하나의 감정)에 집중하는 수련을 해보세요.

고정된 시각에서 벗어나야 하는 이유

만족감과 행복, 영적 성장, 살아 있다는 느낌과 세상에 참여하고 있다는 느낌은 우리가 유동적이고 변화하는 세상의 흐름과 연결될 때, 이 역동적인 흐름 안에서 일어난다고 해요. 어떤 면에서는 모두 잠깐 동안 근본주의자가 될 수도 있어요. 우리는 무언가에 고정된 시각을 가지고 있죠. 부모나 형제, 자신, 특정한 상황에 대해서요. 잘 생각해 보면, 무언가를 고정하거나 정지시키는 건 끊임없이 변하는 세상의 실제 특성에 비하면 너무 따분하고 무겁고 거추장스러워요.

가족을 예로 들어 볼까요? 당신의 어머니가 당신이 생각하는 고정된 정체성과는 다른 사람이라는 사실을 알려주기 위해 당신을 설득하려면 정말 오랜 시간이 걸릴지도 몰라요. 어머니를 떠올릴 때마다 그저 어릴 때부터 늘 보던 사람일 뿐이니까요. '내가 이렇게 할 때마다 엄마는 저렇게 하네. 이렇게 말하는 걸 보니 이게 엄마의 관점이야.'라는 식으로요. 그리고 어느 날 당신은 우연히 어머니의 오랜 친구를 만나고, 그녀의 말("너희 엄마는 유머 감각이 뛰어나. 정말 유쾌하고 재밌는 사람이야!")을 통해 어머니가 당신이 알던 사람과는 완전히 다른 사람이란 사실을 알게 될지도 몰라요.

어머니든, 배우자든, 친구든, 우리는 대개 가장 가까운 사람들을 고정적인 시선으로 바라보는데, 인종, 문화, 종교와 특정한 정치적 신념을 가진 정치인들을 바라볼 때도 마찬가지예요. 인간은 근본주의자가 되는 것에서 편안함을 느끼는 경향이 있어요. 하지만 당신은 그저 명상과 경험에 집중하고, 무슨 일이 일어나든 당신의 친구이자 버팀목, 깨어남을 위한 협력자를 만나는 수련만 계속하면 돼요.

그저 돌아오고, 또 돌아오고, 여기에 머물고, 접촉하고, 할 수 있는 한 온전히 현재에 집중하고, 주의가 흐트러지는 것에 집중하고, 되돌아오는 것에 집중하는 거죠. 그러면 곧 우리 주변의 그 무엇도 고정되어 있지 않다는 사실을 알 수 있어요. 당신의 마음이 만들어낸 허상 외에는 아무것도 견고하지 않아요.

누군가가 당신에 관한 고정관념을 갖고 있다고 생각되면 계속 명상하세요. 그러면 깜짝 놀라게 될 거예요. 자신에게 어떤 변화가 일어나고, 자신의 감정적 반응이 어떻게 작동하는지 관찰하면 당신과 상대방 사이의 역학에도 변화가 일어나요. 무언가 완전히 새로운 것이 드러날 수도 있어요.

고정된 시각에 갇혀 있으면 확실성과 안정감을 느낄 수는 있어요. 하지만 그건 가짜 확실성이자 가짜 안정감일 뿐 결국에는 만족스럽지 않을 거예요. 인간이 추구하는 만족감은 끊임없는 변화와 흐름을 인식하는 데서 오고, 지금 일어나는 모든 일의 진정한 본질을 보는 능력에서 시작되는 거예요.

슬프고 어린 마음을 품어보는 경험이야말로

두려움 없는 마음을 낳습니다.

두려움이 없다는 것은 대개 겁이 없다거나

누군가 때리면 당신도 반격한다는 뜻입니다.

하지만 거리의 싸움 수준에서

두려움 없는 마음을 말하려는 것이 아닙니다.

진정으로 두려움 없는 마음은 여린 마음에서 생겨납니다.

세상이 당신의 마음을, 날것 같은 마음을

간지럽히도록 허락하는 순간에서 옵니다.

어떤 저항이나 부끄러움 없이

자신을 열어 세상을 마주해야 합니다.

- 최걈 트룽파 린포체

마음을 열어
모든 것을 포용해요

21장

투쟁을 그만두고 친절을 베풀어요

명상의 놀라운 혜택 중 하나는 복잡하기 그지없는 삶을 끊임없는 투쟁으로 보지 않고, 호기심과 넓은 마음으로 살아갈 수 있도록 돕는다는 점이에요. 이때 '투쟁'은 삶이 늘 그대로이기를 바라지 않는다는 뜻이에요. 나는 여러 경험을 통해서 우리가 단지 수많은 경험만 끊임없이 거부하려 드는 게 아니라는 사실을 깨달았어요. 우리는 흔히 삶 전체를 거부하려 해요.

'우리의 마음은 항상 다른 곳을 헤맨다'라는 점이 내 말이 사실이라는 증거죠. 우리는 때때로 내일 먹을 저녁거리나 1년 전 친구와 나눈 대화를 생각해요. 해야 할 일 목록을 떠올리거나 '어제 모임에서 이렇게 말할걸.'이라고 생각해요. 삶을 거부한다는 것이 '나는 이게 싫어.' 라거나 '이 관계나 이 직장이나 이 차는 나와 맞지 않아.'와 같은 태도만을 말하는 건 아니에요. 대개 우리는 세상에서 가장 즐거운 일을 한다고 생각하며 초콜릿 한 상자를 전부 먹어치울 수도 있지만, 사실은 초콜릿 한 입을 먹으면서도 그 순간에 온전히 집중하지 못해요.

마음은 제멋대로 흩날리는 깃발이나 날뛰는 원숭이처럼 늘 방황해요. 하지만 명상 방석 위에 세우는 열린 알아차림의 공간에서는 무슨 일이 일어나든 바로 그 순간에 집중하는 연습을 할 수 있어요. 투쟁이 없는 곳으로 들어가려면 삶에서 일어나는 모든 일 하나하나를 현재에 존재하기 위한 버팀목으로 삼아야 해요.

이렇게 하려면 먼저 엄청난 태도 변화가 필요해요. 모든 것을 해결해야 할 문제나 행복의 방해물 또는 명상의 방해물로 보기보다는('여기가 이렇게 시끄럽지 않다면 현재에 집중할 수 있는데.' 라거나 '허리가 이렇게 아프지만 않아도 현재에 집중할 수 있는데.'라는 생각), 알아야 할 것을 가르치는 스승으로 여길 수도 있어요.

주변의 모든 것이 우리를 깨우는 조력자가 될 수 있지만, 우리는 투덜대고 또 투덜대요. 탓하고 또 탓하죠. 현재에 머물지 못하는 중요한 이유 중 하나가 '탓하는 습관'이에요. 우리는 자신을 탓하고 다른 사람도 탓해요. 나는 종종 수련생들이 현재에 머물지 못하는 이유로 외부 상황이나 자신을 탓하는 모습을 목격해요.

관심과 배려가 필요한 것은 자신의 마음이라는 것을 생각해 보세요. 그리고 평소에 주변 상황을 어떻게 보는지 생각해 보세요. 자신이 처한 상황과도 친구가 될 수 있어요. 자신에게 자비를 가질 수도 있어요. 그러면 무슨 일이 일어날까요?

삶에 온전히 참여한다는 것

최근 누군가가 '만족'이라는 단어를 '자신에게 필요한 모든 것이 지금 이 순간에 있다는 사실을 아는 것'이라고 정의하는 것을 보고 감탄했어요. 불평과 불만은 지금 이 순간을 온전히 받아들이는 마음가짐에서 한눈을 팔게 만들어요. 마치 '뒤에서 들려오는 웅성거림'과도 같아요. 어떤 일이 일어나든 진심으로 받아들인다면 마침내 실제로 일어나는 일을 생생하게 만지고, 냄새 맡고, 맛보고, 듣고, 느낄 수 있어요.

더 이상 경험에 맞서지 않는다면, '예'와 '아니오', '좋다'와 '나쁘다', '받아들일 수 있다'와 '받아들일 수 없다'라는 꼬리표에서 벗어날 수 있어요. 이런 마음가짐은 매우 중요해요. 이런 마음가짐 덕분에 우리가 삶에 온전히 참여할 수 있기 때문이에요. '나쁘다'라고 이름 붙인 것을 제쳐두고 '좋다'라고 이름 붙인 것을 제대로 느끼기는 어려워요. 자신과 경험 사이에 벽을 세우면, 긍정적인 것에까지 필연적으로 벽을 세우게 될 거예요.

명상은 항상 있는 그대로의 직접적인 경험으로 돌아와야 한다는 것을 떠올리게 하지요. 명상 후에는 우리를 아주 혼란스럽게 만드는 여러 현상과 장애물을 만나요. 명상을 끝내는 타이머가 울리고 '열린 알아차림' 속에 머물러 있을 때는 모든 것을 있는 그대로 내버려둬야 해요. 그러고 나면 대개 아주 빠르게 휴식할 수 있어요. 하지만 종종 이 순간에 불쑥 '생각'이 끼어들어요. 때로는 물밀듯이 밀려오기도 하죠. 그러면 자신도 모르게 완전히 혼란에 빠지고 말아요.

무언가가 나타났을 때 '잘못됐다'거나 '엉망진창이다'와 같은 이름표를 붙일 필요는 없어요. 머릿속에 무엇이 떠오르든 그저 명상의 대상으로 삼으면 돼요. 명상은 나에게 일어나는 일과 조금도 싸우려 하지 않는 거예요. 생각도 있는 그대로, 감정도 있는 그대로, 감각도 있는 그대로, 소리도 있는 그대로, 아무것도 덧붙이지 않고 모든 것을 그저 있는 그대로 두는 거예요.

최근에 본 밍규르 린포체의 영상에서 그는 이렇게 말했어요. "마음은 광활하고 무한한 우주와 같고, 우주에서는 어떤 일이든 일어납니다." 시야, 소리, 냄새, 맛, 생각, 감정, 통증, 쾌락 등 모든 것이 우주에서 일어나요. 우주에서 은하계와 행성과 별들이 자연스럽게 생겨나는 것과 다르지 않아요.

밍규르는 "우주는 '나는 이 은하계는 좋지만, 저 은하계는 싫어'라고 말하지 않습니다."라고 덧붙였어요. 모든 별이 그런 것처럼 모든 생각은 어느 순간 지나가요. 마음이란 광활한 하늘에 뜬 별처럼 모든 경험이 저절로 흘러가게 두세요. 세상의 어떤 일도 그렇게 대단한 문제는 아니에요.

삶에서 일어나는 현상과 싸우지 않는 것은 다시 말해 친절한 사람이 된다는 뜻이에요. 친절한 사람은 삶에 온전히 참여할 수 있어요. 온 마음을 다해 살아갈 수 있어요.

연습하기
단순한 행위에 주의를 기울여요

살다 보면 삶에 투쟁을 불러오는 온갖 경험을 마주하게 되지요. 온 마음을 다해, 온전히 존재하는 채로 경험을 마주하는 연습을 하는 한 가지 방법은 단순한 행동을 명상의 대상으로 삼는 거예요. 우리는 깨어나는 과정을 수련할 거예요. 하나의 단순한 행동에 집중하고, 다른 곳을 헤매는 마음과 싸우기보다는 함께하기로 마음먹으면 돼요.

• 일상을 잘 살펴보면 간단하고 반복적이며 단순한 행동이 많다는 것을 알 수 있어요. 그러니 당신에게 극히 일상적이라고 느껴지는 행동을 하나 선택하세요. 매일 하는 식사도 좋아요. 우리는 매일 포크나 숟가락 위에 음식을 올려놓고, 그 음식을 입으로 가져가고, 씹어서 삼킨 다음 포크나 숟가락을 내려놓아요. 아무 생각도 필요없고, 사실 생각할 필요가 거의 없는 행동이지요. 이렇게 계속해서 반복하는 행동을 선택하세요. 무의식적으로 컴퓨터 키보드를 두드리는 일, 옷을 개거나 아이의 도시락을 싸주는 일도 좋아요. 일상은 이런 행동들로 가득하니까요. 이를 닦거나, 설거지하거나, 아침을 먹거나, 숨을 쉬거나 길을 걸으면서 온전히 현재에 머무는 연습을 하는 것도 명상이에요. 우리는 순간순간에 깨어나는 과정을 수련하고 있어요.

• 며칠 동안 이런 행동을 할 때면 바로 그 순간에 집중하는 데 초점을 두세요. 주의가 흩어지면 그저 주의를 되돌리세요. 호흡으로 돌아오는 것은 칫솔질로 돌아오는 것만큼이나 별일이 아니에요. 이를 닦을 때, 칫솔에 치약을 바를 때 이것 역시 명상이라고 되뇌이세요. 이 닦기를 일종의 의식으로 만드세요. 이 행동에는 시작과 끝이 있으니, '이 시간은 명상 시간이 될 거고, 나는 이를 닦으면서 바로 그 순간에 머무를 거야. 주의가 산만해지면, 이 닦기로 주의를 되돌릴 거야.'라고 되뇌어 보세요.

• 이 닦기에서 마음이 벗어나 잠시 동안 헤매도 자신에게 너무 혹독하게

굴 필요는 없어요. 너무 애쓰지 마세요. 그냥 돌아오세요. 가벼운 마음
으로 이를 닦으세요.

• 명상을 하다 보면 시간이 갈수록 모든 일에서 점점 더 현재에 머물 수 있
다는 사실을 발견할 거예요. 누군가와 대화할 때도 현재에 머물 수 있어
요. 앞에서 친구가 말하는데도 쇼핑목록에 무엇을 더해야 할지 생각하
지 말고, 상대방을 의식하고 그 사람에게 주의를 집중하는 거죠.

잠깐만 정신을 놓아도 어느 순간 명상의 대상조차 생각나지 않을 때도 있
어요. 이때는 그저 끊임없이 되돌아오고, 점점 더 오랫동안 현재에 머무는
감각을 느끼면 돼요. 그리고 이런 일이 일어나면, 그저 이 상황을 알아채
면 돼요. 대개 아주 짧게 잠깐씩 일어나지만, 지금까지 현재에 온전히 머
문 적이 없기 때문에 힘든 순간도 분명 있을 거예요.

여기에 온전히 존재한다는 사실을 깨닫는 순간은 매우 극적이에요. 이
런 일은 어느 날 갑자기 명상하는 도중에 일어날 수도 있고, 설거지를 하다
가 일어날 수도 있어요. 그저 현재에 존재하는 감각은 아주 단순하면서도
찬란하게 생생해요. 이 경험이 당신의 일상을 바꿔 놓을 거예요.

22장

힘겨운 일이 기쁨이 될 수도 있어요

깨달음을 얻거나 삶에서 더 큰 안정감을 찾길 바란다면 아주 힘겨운 상황까지도 기꺼이 감수해야 해요. 나는 해를 거듭하며 온 마음을 다해 명상하는 사람들(자신의 본성을 경험한 사람들, 고요함과 차분함을 경험한 사람들)을 많이 만났는데, 이들도 누군가와 관계가 나빠지거나, 갑자기 일자리를 잃거나, 심각한 병에 걸렸다는 사실을 알게 되거나, 사랑하는 사람이 고통스러워 할 때면 곧바로 무너지고 말아요. 마치 평생 하루도 명상을 해본 적이 없는 사람처럼요. 그리고 분노나 절망이나 우울증에 완전히 휩쓸려 버리죠.

무언가 강력하고 두려운 것이 나타나면, 우리는 생각하는 것조차 멈춰 버려요. 그저 반사적으로 반응하고 지금 벌어지는 일에 맞서 무슨 일이든 하려고 해요. 그리고 나서 절망과 분노에 집착하는 경향이 있어요. 마치 명상 주파수의 대역폭을 완전히 잃어버린 것처럼 길을 잃고 말아요. 명상에도 어떤 경로 같은 것이 있는데, 가장 힘든 지점에 도달하면 경로를 파악하기가 훨씬 어려워질 거예요.

하지만 나는 바로 이런 순간들을 '일곱 가지 기쁨'이라고 부릅니다. 믿어지지 않겠지만, 때로는 이런 힘든 순간들이 우리에게 가장 큰 가르침을 선물하기 때문이에요. 때로는 이런 순간들이 우리를 진정으로 열려 있게 하고, 타인과 진심으로 연결되도록 도와주거든요.

나는 때때로 명상 수련회에서 '일곱 가지 기쁨'에 관한 글을 수련생들에게 읽어줍니다. 이 글은 가슴 아픈 감정과 거친 생각들이 어떻게 우리의 여정에서 완벽한 스승이 될 수 있는지 설명해 주거든요. 티베트 불교의 존경받는 스승인 고참파Gotsampa가 쓴 '힘든 상황을 목표에 이르는 길로 삼으라'라는 멋진 노래에는 인간이 살면서 경험하는 일곱 개의 고통을 가리키는 각각의 숫자가 있어요. 이 노래에 등장하는 '번뇌(kleshas)'라는 단어는 가장 강력하게 우리를 끌어당기거나 방해하는 감정 상태를 말해요.

인식의 대상과 인식하는 사람이 있다는 생각이
내 마음을 꾀어내고 흐트러뜨릴 때
이 생각을 끊어내기 위해 감각의 통로를 닫지 않으리라.
감각의 본질적인 핵심에 곧바로 뛰어들리라.
생각은 하늘의 구름과 같으니
생각이 날아가는 곳에 희미한 빛이 있다.
생각[1]이 내게는 순수한 기쁨이라!

번뇌(Kleshas)가 나를 불안하게 만들고,

그 불길이 나를 태울 때

번뇌를 바로잡을 해독제를 찾지 않으리라.

금속을 금으로 바꾸는 연금술의 묘약처럼

번뇌가 가진 힘이 닿는 곳은

조금도 더럽혀지지 않은 지복至福이다.

번뇌[2]는 순수한 기쁨이라!

신의 힘이나 마귀의 방해로 괴로움을 겪을 때

의식과 주문으로 괴로움을 몰아내려 하지 않으리라.

괴로움은 자기중심적 사고이며,

자아라는 관념에서 만들어진 것이다.

마라Maras의 군대를 당신의 정예부대로 바꿀 것이니.

방해가 생길 때[3] 순수한 기쁨이라!

윤회(Samsara)가 나를 고통 속에 몸부림치게 할 때

비참함에 젖어 있기보다는,

더 큰 짐을 짊어지고 위대한 여정을 따르리라.

자비로운 마음으로

다른 이들의 괴로움까지 짊어지리라.

과보果報가 꽃을 피울 때[4] 기쁨이라!

내 몸이 고통스러운 질병의 공격에 굴복할 때

의술에 기대지 않고,

그 질병을 나아갈 길로 삼아 그 힘으로

나를 가로막는 덮개를 걷어버리고,

그것을 이용해 귀중한 자질을 키우리라.

질병이 고개를 들 때[5] 순수한 기쁨이라!

환영이 이 육신을 떠날 때가 되면

불안해하지도 슬퍼하지도 말라.

자신을 위해 명확히 할 일은 이것이다.

죽음이라는 것은 없다.

그저 어머니와 아이가 다시 만나는 투명한 빛일 뿐이니.

마음이 육신을 버릴 때[6] 커다란 기쁨이라!

되는 일이 하나도 없을 때,

모든 것이 일제히 나를 막아설 때

그 모두를 바꿀 방법을 찾으려 하지 말라.

핵심은 수련을 통해 관점을 뒤집는 것이니

그것을 멈추거나 더 나아지게 하려고 하지 말라.

불리한 상황은 늘 생겨나기 마련이니[7]

그럴 때면 기쁘기 그지없구나.

그것들이 순수한 기쁨의 노래가 되리라!

이 시에서 말하는 것처럼, 삶의 모든 순간이 깨어나기 위한 기회예요. 이 기
회를 움켜잡지 않으면 자신에게서 가르침을 얻을 특별한 기회를 놓치고 말

아요. 그래서 삶의 이 거대한 문제들을 오히려 '기쁨'이라고 부르는 거예요.

힘겨운 상황이 기쁨인 이유

살다 보면 모두 힘든 감정이나 고통스러운 일을 겪어요. 지금도 그렇고 과거나 미래에도 마찬가지예요. 내 경우는 아무리 명상 수련회에 많이 참여해도, 아무리 좌선을 오래 반복해도 자꾸만 반복되는 어떤 패턴이 있어요. 나는 늘 아이들이 어렸을 때의 일들을 후회하며 고통스러운 기억을 떠올려요. 이런 시기가 찾아올 때면 깊은 슬픔도 따라오지요. 어떤 기억들은 엄청난 에너지까지 함께 몰고 와요. 괴로운 감정을 '받아들인다' 또는 '경험한다'라는 말은 내게 일어난 일들을 받아들인다는 거예요.

때때로 우리는 여러 에너지를 안고 명상을 시작해요. 외부인의 시각에서 보면, 당신은 그저 거기에 앉아 있을 뿐이죠. 겉으로는 아무 일도 일어나지 않아요. 하지만 사실 너무 많은 일이 일어나고 있어요. 단지 말로 표현할 수 없을 뿐이에요.

삶에서 벌어지는 일에 얽힌 이야기 뒤에는 아주 강력한 에너지가 있어요. 슬픔, 분노, 열망·욕정·욕구, 외로움, 소외 등의 에너지죠. 이 에너지가 당장이라도 달려들어 우리를 망치고 지치게 만들 것 같죠. 그리고 사랑하는 사람을 잃었을 때처럼 고통스러운 순간에는 당장이라도 이 에너지가 우리를 죽일 것처럼 느껴질 거예요.

티베트 불교의 위대한 스승이자 시인 딜고 켄체 린포체Dilgo Khyentse Rinpoche의 글 '깨우친 자가 가진 마음의 보물(The Heart Treasure of the Enlightened Ones)'에는 '혐오의 대상을 따라가지 말고, 성난 마음을 바라보라. 생겨나자마자 저절로 해방에 이른 분노는 마치 거울과 같은 지혜다.'

라는 아름다운 구절이 있어요. '자만의 대상을 좇지 말고, 탐욕스러운 마음을 바라보라. 생겨나자마자 저절로 해방에 이른 자만은 평정의 지혜다.', '욕망의 대상을 갈망하지 말고, 갈망하는 자신의 마음을 바라보라.'라는 구절도 있지요. 그는 마음을 흐리게 만드는 모든 상태를 다루는데, 그가 근본적으로 강조하는 것은 처음부터 '이런 대상에 관심을 두지 않으면 문제가 되지 않는다'라는 사실이에요.

'일곱 가지 기쁨'의 첫 줄에는 '인식의 대상과 인식하는 사람이 있다는 생각'이라는 말이 있어요. 여기서 고참파가 말하려는 건 우리가 무슨 생각을 하든 나와 타인의 관점에서 세상이나 상황을 바라볼 수밖에 없다는 거예요. 기본적으로 모든 생각이 그렇죠. '나'와 '대상' 없이는 생각이란 걸할 수가 없어요. 인식의 대상과 인식하는 사람이 없이 생각할 수 있는지 확인해 보세요. 애초부터 불가능한 일이에요.

고참파는 이어서 '생각이 내 마음을 꾀어내고 흐트러뜨릴 때'라고 표현해요. 우리는 명상 중에 '이런, 내 마음이 또 생각의 꼬임에 넘어가 흐려졌어!'라고 생각해요. 그러고는 '이러면 안 돼. 이번 명상은 엉망진창이야.'라고 되뇌면서 머릿속에서 생각을 걷어차죠. 고참파는 이렇게 하는 대신에 '생각의 본질적인 핵심에 곧바로 뛰어든다'라는 해결책을 알려줘요. 그는 생각을 막으려 하지 않는다고 강조해요. 또한 생각 없이 명상하라고 하지 않아요. 오히려 본질적인 핵심에 바로 뛰어들어요. '생각은 하늘의 구름과 같다. 그것들이 날아가는 곳에 이 희미한 빛이 있다.'라는 아름다운 구절을 보면 알 수 있어요.

나는 '그것들은 하늘의 구름과 같으니, 생각이 날아가는 곳에 희미한 빛이 있다. 생각이 내게는 순수한 기쁨이라.'라는 구절을 무척 좋아하는데,

이런 관점이 삶에 커다란 기쁨을 가져다줄 수 있기 때문이죠. 그는 '불리한 상황은 늘 생겨나기 마련이니, 그럴 때면 기쁘기 그지없구나. 그것들이 순수한 기쁨의 노래가 되리라.'라고 말해요.

고참파의 시처럼 불리한 상황이 결국 기쁨으로 바뀔 거예요. 우리 삶의 새로운 진실에 눈을 뜰 수 있기 때문이에요. 아주 힘든 일도 우리가 그 순간에 진정으로 깨어나는 데는 도움이 되니까요.

또 다른 구절에서 고참파는 '번뇌가 나를 불안하게 하고, 그 불길이 나를 태울 때'라고 표현해요. 고참파는 번뇌가 어떤 느낌인지 알고 있지만, "무엇을 해서든 그 감정을 억눌러라."라고 말하지 않아요. 대신 '금속을 금으로 바꾸는 연금술의 묘약처럼 번뇌가 가진 힘이 닿는 곳은 조금도 더럽혀지지 않은 지복至福이다. 번뇌는 순수한 기쁨이라!'라고 말해요. 이것은 매우 심오한 가르침이고, 실제로 아주 부정적인 상황에서 명상할 때 이렇게 해야 해요.

생각과 감정 또는 질병과 죽음처럼 삶을 엉망으로 만든다고 여겼던 것들이 사실은 변화를 위한 선물이 될 수 있다는 태도를 기꺼이 받아들여야 해요. 고참파는 '핵심은 수련을 통해 관점을 뒤집는 것이니.'라고 말해요. 우리가 번뇌를 보는 방식을 뒤집는 거죠. 번뇌를 하늘의 구름으로 보고 "별거 아니야."라고 말한 다음, 기쁘게 놓아줄 수 있어요.

두려움을 인정하세요

'일곱 가지 기쁨'이란 시는 어떤 것도 근본적으로는 문제가 아니라는 관점을 보여줍니다. 항상 우리의 '동일시'가 문제일 뿐이에요. 우리는 생각과 감정은 물론 주변에서 일어나는 사건들을 자신과 동일시해요. 이 점에 관해서만은 자신을 속일 수 없어요. 삶이 우리에게 듣기 좋은 소리를 하든 듣기 싫은 소리를 하든, 향긋한 냄새를 풍기든 고약한 냄새를 풍기든, 기분 좋은 생각을 가져오든 불쾌한 생각을 가져오든, 모든 것은 순수한 기쁨이에요. 우리는 경험과 자신을 동일시하는 대신, 그저 경험과 접촉하고 놓아줘야 해요.

가장 강렬한 공포까지도 놓아줄 수 있어요. 공포는 대단히 강력한 영향을 미칠 수도 있어요. 때때로 우리는 죽음의 공포와 마주해요. 건강검진 결과를 기다리거나 아슬아슬하게 차 사고를 면했을 때도 그렇죠. 우리가 반드시 죽는다는 사실을 직면할 수 있는 경험은 생각보다 흔해요. 죽음의 공포 또한 수련할 수 있는 또 다른 대상일 뿐이에요.

죽음의 공포는 사실 토대가 없고 붙잡을 것이 아무것도 없는 상황, 삶에 무슨 일이 생길지 전혀 확신할 수 없는 상황에서 오는 두려움이에요. 오랫동안 명상으로 죽음의 공포를 다스리고, 여러 사람들과 이야기하면서 나는 현상의 무상하고 일시적인 본질에 다가가는 연습을 한다면, 죽음에 대한 두려움마저 빠르게 극복할 수 있다는 사실을 깨달았어요.

또한 나는 미지에 대한 공포가 일종의 자동 반사 같은 반응이라는 것을 발견했어요. 그러니 여기에 또 다른 이야기를 붙여 공포에 먹이를 줄 필요는 없어요. 오히려 그 떨리는 느낌과 함께 현재에 머물러야 해요. 결국 감정을 다루는 법과 같아요.

두려움을 알아차리세요. 몸이 긴장할 수 있고, 생각이 마구 날뛸 수도 있지만, 그저 공포 자체의 특성과 질감에만 집중하면 돼요. 두려운 경험이 어떻게 변해가고, 증폭하고, 해소되는지 확인해보세요.

우리가 죽으면 무슨 일이 일어나는지에 관해서는 여러 견해가 있어요.

세계의 모든 종교가 이 주제에 나름의 가설을 세웠어요. 하지만 우리는 정말 아무것도 알 수 없어요. 그렇지 않나요? 매 순간 무슨 일이 일어날지도 알 수 없잖아요. 결국 '깨어남의 길'은 '우리에게 일어나는 일을 거부하지 않고, 눈에 띄는 모든 것이 살아 있다는 사실에 기뻐하는 삶'이에요.

23장

마음속의 열린 공간을 발견해요

명상은 우리에게 '놓아주는 법'을 가르쳐요. 놓아주기는 실제로 친절의 매우 중요한 형태인데, 현상을 대수롭지 않게 여기는 연습을 반복하는 거예요. 몸에 통증이 있을 때, 머릿속에 온갖 생각이 스쳐 지나갈 때, 열린 마음으로 이 순간을 인식하되, 대수롭지 않게 여기는 훈련을 하고 또 해야 해요.

사람들은 대개 주변에서 일어나는 여러 현상을 과장하곤 해요. 물론 우리에게는 아주 큰일이죠. 현상을 존중하면서도, 그것들을 대수롭지 않게 여기는 태도를 지닐 수 있는 공간부터 만들어야 해요. 역설적이지만, 이 두 가지 태도를 함께 지니는 것이야말로 어마어마한 기쁨의 원천이에요. 모든 것을 존중하는 마음을 갖는 동시에 놓아줄 수 있기 때문이지요. 이런 태도는 현상을 가볍게 여기지도 않지만, 나만의 3차 세계대전을 치를 때까지 불난 집에 부채질을 하지 않는 것이기도 해요.

이런 마음가짐을 조화롭게 유지하면 정체를 알 수 없는 것들로 머리가 가득 차서 숨이 막힐 듯 답답한 느낌이 조금 덜해져요. 불교에서는 이런 순간에 열리는 공간을 '슌야타Śūnyatā' 또는 '공空'이라고 불러요. 하지만 이 때의 공은 허무주의와는 관련이 없어요. 기본적으로 그저 가벼움을 뜻해요. 〈참을 수 없는 존재의 가벼움〉이라는 영화가 있지만, 나는 삶을 '참을 수 있는 존재의 가벼움'이라는 관점에서 보려고 한답니다.

슌야타를 경험해 보세요

모든 일이 자연스럽게 일어나고, 어떤 현상도 당신에게 덤벼들거나 당신을 공격하려 하지 않는다는 시선으로 삶을 바라보기 시작하면 편안히 들어갈 수 있는 더 넓은 공간과 여유를 경험할 수 있어요. 뭉쳐 있는 배는 그저 이완하면 돼요. 잔뜩 굳어 있는 목덜미도 그저 이완하면 돼요. 태엽이 감겨 마루를 왔다 갔다 하는 작은 곰 인형처럼 빙글빙글 돌고 도는 마음도 그저 이완하면 돼요. 그래서 슌야타는 우리의 내면에 실제로 넓은 공간과 열린 마음, 이완의 씨앗이 있다는 사실을 나타내요.

가끔 슌야타라는 말을 '존재의 열린 차원'으로 번역하기도 해요. 가장 흔한 정의는 '공허(비어 있음)'인데, 이 말은 누군가 당신을 걷어차고 고함을 지르며 밀어 넣는 커다란 구멍처럼 느껴질 수도 있어요. 때로 사람들은 이 열린 상태를 지루함이나 공허함으로 여기기도 해요. 때로는 고요함으로 생각하기도 하죠. 때로는 정신이 완전히 다른 곳에 팔린 상태에 생기는 틈처럼 느껴지기도 해요.

나는 슌야타로 여러 가지 실험을 해요. 혼자 있거나 아무도 내게 말을 걸지 않을 때, 산책을 나갈 때나 창밖을 바라보거나 명상하고 있을 때, 나는 되도록 생각을 놓아주려 해요. 생각이 저 멀리 흘러가고 나면 무엇이 남는지 살펴보는 실험을 자주 하는데, 이것은 사실 마음챙김 수련의 본질이에요.

그러니 당신도 항상 직접적인 경험으로 돌아오세요. 그리고 좋거나 나쁘다, 해야 한다거나 하지 말아야 한다는 생각들이 올라오기 시작하면 그대로 놓아주고, 그 순간의 직접적인 경험으로 다시 돌아오세요. 이것이 슌야타를 실험하는 방법, 존재의 무한한 가능성을 실험하는 방법이에요.

24장

내 방식만 고집하는 태도를 버려요

12세기 인도에는 사라하Saraha라는 요가 구루가 살았는데, 그는 "견고한 존재를 믿는 자들은 어리석다. 모든 것이 공허하다고 믿는 자들은 더 어리석다."라고 말했어요. 그가 강조하려 한 것은 우리의 경험을 제한하고 우리의 눈과 코 앞에 있는 것을 인식할 수 없게 가리는 모든 믿음이에요. 너무나 소중하게 간직해서 싸움도 불사할 믿음 혹은 눈을 가리고 귀를 막는 믿음을 말해요.

나는 명상할 때 경험하는 힘든 일들 중 하나가 '우리가 굳게 믿었던 것들을 명상이 다시 점검하게 만드는 순간'이라는 사실을 발견했어요. 명상은 대부분 고집을 부리며 손에 쥔 것들을 내려놓지 못하는 자신을 발견하는 것과 관련이 있어요.

당신은 할 수 있는 일이라곤 더 완고한 태도로 세상과 멀어지거나, 아니면 더 유연하게 놓아주고, 편안히 쉬는 것 중 하나뿐이라는 걸 알고 있어요. 수행자가 자신이 세상을 바라보는 방식을 고수한다는 것을 알아차리는 순간은 화가 나거나, 흥분하거나, 자신의 방식만 밀어붙이다가 누군가와 말다툼하는 모습을 발견할 때뿐이에요. '너는 틀렸고 나는 옳아.'라는 생각이 일종의 감옥처럼 우리를 계속 가둬두지요.

영적인 길의 정수는 바로 이거예요. 고집을 부리고 독선적인 태도를 보이고 분노할 때, 원하는 대로 상황이 흘러가지 않아 크게 당황하고 불안에 떨 때, 스스로를 불행하게 만든다는 사실을 알 수 있어요. 마치 내면에 큰 종이 울리는 것과 같은 순간이지요. 그때가 바로 생각을 놓아주고, 마음을 여는 수련을 할 때예요. 결국 이것은 명상법에서 말하는 '놓아주기'로 이어져요.

내 마음대로 하고 싶은 순간

내 마음대로 만사가 흘러가지 않으면 세상이 무너질 거라는 독단적인 생각은 사실 공격성의 한 형태라고 볼 수 있어요. 이런 믿음이 아무리 선한 방식이라도 마찬가지예요.

상황을 바라보는 특정한 방식을 고수하는 건 자신에게 독을 먹이는 일이고, 자신은 물론 누구에게도 행복을 가져다 주지 못해요. 우리가 보기에 좋은 견해가 꼭 모두에게 좋은 결과를 만들어내지는 않기 때문이에요. 이런 생각은 사실 엄청난 공포나 강한 공격성, 좋을 대로 하겠다는 굳은 결심에서 나오는 것들이니까요.

믿음은 생각에 기초하고, 생각의 에너지는 강렬한 감정에 휘둘리게 하고 심지어 이성을 잃게 만들기도 해요. 그래서 명상할 때 자신과 심도 있고 진심 어린 대화를 나눠야 해요. 자신과 화해하는 것은 명상에서 발견하는 순야타 혹은 공空이라고 일컫는 공간의 특성과 관련이 있어요. 이 열린 공간은 우리에게 항상 '긴장을 풀라'고 말해요.

온 마음을 다해 명상에 매진할 때, 가장 먼저 발견하는 감정은 '긴장을 풀고 싶지 않다'라는 거예요. 당신은 아마 마음대로 하고 싶을 거예요. 나는 언젠가 요가 수행자이자 훌륭한 인품을 지닌 한 스승에게 이렇게 질문했어요. "수행 중에 항상 졸음이 몰려오는데, 잠을 푹 잔다고 해결되는 일이 아닌 것 같아요. 사실 습관적으로 꾸벅꾸벅 졸고 정신이 늘 멍해요. 어떻게 해야 할까요?" 그러자 그는 이렇게 말했어요. "그럴 땐 그냥 '팟!'이라고 말하세요!"

나는 그 말에 웃음이 터졌어요. 이 방법이 효과가 있을 거라는 걸 직감적으로 알았죠. 그 말을 듣고 나서는 한동안 수련 중에 졸지 않았어요. 그렇지만 아나나 다를까, 습관은 다시 돌아왔어요. 그때도 아마 명상 중이었을 텐데, 너무 졸리고 자리에 눕고 싶었어요.

그때 스승의 조언이 떠올랐죠. 하지만 나는 "그 방법만은 쓰고 싶지 않아. 그냥 눕고 싶다고!"라고 말하며 자리에 누웠어요. 하지만 푹 쉬지는 못했어요. 내가 이 속임수에 빠져 있다는 걸 알고 있었으니까요. 무슨 일이 벌어지는지 간파했기 때문에 눕는다고 해서 편안함을 만끽할 순 없었어요.

나는 모두가 각자 이런 문제에 직면했다는 사실을 깨달았어요. 누군가가 "이 작은 약 하나만 먹으면 고통은 사라질 거야."라고 말한대도, 당신은 그러고 싶지 않을 거예요. 당신은 그들이 틀렸다는 걸 증명하고 싶을 수도 있어요. 아니면 일이 내 방식대로 돌아가기를 바라겠죠. 약을 먹거나, '팟!'이라고 외치거나, 명상하거나, 긴장을 풀지 않고 그저 내 마음대로 하고 싶을 뿐이에요.

명상 공간을 향해 마음을 열어요

우리가 평소 자신의 믿음을 얼마나 굳건히 고수하려 하는지 알면 인간은 모두 비슷한 처지라는 생각이 들죠. 내 마음대로 하고 싶은 순간마다 날숨으로 돌아가는 습관을 만든다고 생각해 보세요. 날숨으로 돌아가는 건 그 순간의 새로움으로 돌아오는 것과 같아요.

갖가지 에너지로 가득한 순간에는 날숨으로 돌아오기가 무척 어려워요. 우리의 믿음은 곧잘 화가 나는 생각, 질투를 일으키는 생각, 지독하게 외롭고 슬픈 생각, 중독적인 생각 안에 우리를 가둬놓기 때문이에요.

명상 중에 스스로를 살펴보면 감정이 아주 격해진 상태로 앉아 있다는 걸 발견할 때가 많아요. 그럴 땐 애써 달아나려 하지 말고 가만히 그 자리에 앉아 있는 것에 익숙해지세요. 그리고 이런 감정에 숨을 불어넣으세요. 그러면 마음속 허공에 고통이 생겨날 수 있어요. 우울함과 두려움이 생겨날 수도 있어요. 우리는 마음속 허공을 더 확장해서 무엇이 일어나든 그 주변에 공간을 만들고, 거기에 머물 수 있어요. 그 주변을 부드럽고 따뜻하게 둘 수도 있어요.

그리고 되도록이면 정직하게 수련에 임하세요. 자신의 마음이 완고하다고 느낀다면 계속해서 질문하세요. 질문하고 또 하세요. 호기심을 갖고, 명상 공간을 향해 마음을 여세요. 세상이 당신에게 말을 건다고 생각하는 거예요.

25장

명상할 때도 고비는 찾아와요

우리가 공부하는 것이 불교의 교리이든 수행법이든, 우리가 현실을 어떻게 오해하는지 발견하는 과정이 명상의 본질이라는 사실을 깨달아야 해요. 우리는 사실 현실을 잘못 인식하고 있어요. 그래서 명상을 통해 현실을 정확하게 인식할 수 있는 연습을 하는 거예요.

완전한 깨달음은 가장 힘든 상황에서도 '집착 없는 열린 마음으로 현실을 인식하는 것'입니다. 사실 이게 전부예요. 우리는 집착 없는 열린 마음을 이미 경험했어요. 충격을 받거나 놀랐을 때를 떠올려 보세요. 무언가에 압도되거나 감탄하는 순간, 우리는 열린 마음을 경험해요. 대개 평범한 순간들이고 눈치조차 채지 못할 수도 있지만, 우리는 모든 열린 마음, 이른바 '보리심菩提心(깨달음의 마음)'을 경험해요.

우리가 완전히 깨어 있다면, 항상 이런 식으로 현실을 인식했을 거예요. 족쇄에서 풀려난 열린 마음을 부르는 여러 이름이 있고, 모든 이름을 아는 게 도움이 될 수는 있지만, 여기서는 그냥 '불성'이라 부르기로 해요.

우리는 아주 작은 틈이 있는 상자 안에 들어간 것이나 마찬가지예요. 이 작은 틈을 통해 현실을 인식하고, 이것이 삶이라고 단정해 버려요. 그런데 내가 권유하는 방식으로 명상하거나, 놓아주는 수련을 하거나, 긴장을 푸는 명상법을 충실히 따르거나, 열린 마음으로 현재에 존재하는 상태에서 수련하는 등의 방식으로 삶의 순간순간마다 명상한다면 그 틈이 점점 커지기 시작해요. 틈이 점점 커지면 더 많은 것을 인식할 수 있어요. 우리의 관점이 더 넓어지고 스스로에게 더 관대해지는 거예요.

어쩌면 우리가 가끔은 깨어 있고 가끔은 잠들어 있다는 사실을 알아차린 것뿐인지도 몰라요. 아니면 마음이 다른 곳으로 갔다가 다시 돌아오는 걸 알아차린 것뿐인지도 몰라요. 우리는 평소 너무 많은 생각에 잠겨 있다는 걸 알아차릴 수 있어요. 어찌 보면 커다란 발견이죠. '반야般若(Prajna)' 또는 '모든 것을 꿰뚫어 보는 지혜'를 발달시킬 수도 있으니까요.

이 모든 것을 꿰뚫어 보는 지혜가 있다면, 더 많은 것을 감당할 수 있고, 더 많이 사랑할 수도 있고, 자신감이 커지는 것도 느낄 거예요. 어쩌면 우리가 상자에서 완전히 나올 수 있는 순간도 찾아올 거예요. 그렇지만 장담컨대 그 순간이 너무 빨리 오면 소스라치게 놀라고 말 거예요.

보이지 않는 상자 속에 갇힐 때

우리는 대부분 상자 밖을 곧바로 인식할 준비가 되어 있지 않아요. 하지만 조금씩 이 방향으로 나아갈 순 있어요. 불확실성에 가까이 갈수록 편안해지고, 기반이 없는 것에도 점점 편안해지고, 우리를 둘러싸고 보호해 주던 벽이 사라진 것에도 편안함을 느낄 거예요.

깨달음은 어딘가 다른 곳으로 가거나 지금 갖고 있지 않은 무언가를 얻는 일이 아니에요. 그동안 눈을 가렸던 안대가 벗겨지는 순간이에요. 꾸준한 명상을 통해 자신의 참모습 또는 불성을 발견할 수 있어요. 이것이 중요한 이유는, 당신이 매일 앉아서 명상하는 그 시간을 '깨달음이란 이미 여기에 있다는 사실을 점차 알아가는 과정'이라고 인식하기 때문이에요.

'놓아주기'는 무척 중요해요. 엄격하거나 경직된 태도로는 무언가를 발견할 수 없어요. 이런 태도가 불성을 가리기 때문이에요. 마음을 안정시키고, 예리하고 명료한 지혜를 발휘하려면 늘 긴장을 풀고 마음을 열어야 해요.

우리가 갇혀 있는 이 상자가 실제로 존재하는 것은 아니라고 생각할 수도 있어요. 하지만 내면의 관점에서 보면 상자는 분명 있어요. 삶에서 만난 모든 장애물 혹은 모든 습관과 조건반사로 만들어졌기 때문에 이 상자는 정말 실제처럼 느껴져요. 하지만 우리가 상자를 간파할 때나 그 너머를 볼 때, 우리를 방해하는 상자의 힘은 점점 약해져요. 우리의 불성은 늘 여기에 있고, 충분히 이완하고 깨어 있을 수만 있다면 여러 가지를 경험할 거예요.

서서히 이루어지는 이 과정을 믿고 인내심과 유머 감각을 키우세요. 벽이 예상보다 너무 빨리 무너져도 대비할 수 없을 테니까요. 그렇게 되면 마치 환각에 빠진 것처럼, 짜릿한 경험을 통해 새롭게 보고 이해하는 방식을 삶에 통합할 수 없을 거예요.

명상하며 좌절하는 순간

명상의 길은 항상 쭉 뻗은 곧은 선이 아니에요. 하지만 당신이 마음을 열기 시작하면 점점 더 넓어지고 곧아질 거예요. 갑자기 우리를 가두었던 상자가 영원히 사라지는 건 아니에요. 우리가 걷는 길에는 수많은 장애물이 있어요. 나는 종종 수련생들이 명상에서 엄청난 개방감과 성장을 경험할 때 일종의 '허니문' 기간에 들어선 걸 보곤 해요. 그 후에는 어김없이 일종의 위축이나 퇴보를 겪어요. 그리고 이럴 때 많은 수련생이 엄청난 두려움이나 절망에 빠지고 말아요.

명상에서 퇴보를 겪는 순간은 자칫 걷잡을 수 없는 회의감과 감정적 좌절로 이어질 수 있어요. 수련생들은 명상과 연결된 느낌을 영영 잃어버린 것은 아닐까 걱정해요. 허니문에 들어섰을 때만 해도 너무나 기운이 넘치고 참된 느낌이 들었으니까요.

하지만 수행에서도 변화는 일어납니다. 이것은 근본적인 진리라고 할 수 있어요. 모든 것은 살아 있고 움직이기 때문에 항상 변화해요. 우리가 벽에 부딪히는 그 순간이 수행에서 아주 흥미로운 지점에 도달하는 바로 그 지점이기도 해요. 누구도 이 지점을 피해 갈 수 없어요.

인간관계나 직장 생활 아니면 다른 무엇에서든 변화는 필연적이에요. 나는 명상의 길을 걷는 사람들이 벽에 부딪혔을 때마다 그들과 이야기 나누기를 좋아해요. 그들은 너무 괴롭고 힘들어서 명상을 그만두기로 마음먹었다고 생각하지만, 내가 보기에는 이제부터가 시작이에요. 상처 입은 자아와 불확실한 상황을 다스릴 수 있다면, 변화하는 삶의 본성에 더 가까워지고 있다는 뜻이에요.

벽에 부딪히는 건 하나의 과정일 뿐이에요. 우리는 삶을 있는 그대로 열린 마음으로 받아들이는 과정에 더 깊이 들어가야 하고, 삶에서 마주하는 불쾌한 감정에도 더 깊이 들어가야 해요. 진정한 영감은 당신이 마침내 열린 마음으로 들어설 때 찾아와요. 그전에 당신의 수련은 순탄했고, 확신이 들었고, 많은 면에서 그 느낌도 최고였을 거예요. 그런데 '쾅!' 하는 충격과 함께 지금보다 더 멀리 나아갈 수 있는 기회가 생긴 거예요.

26장

수련자들의 모임에 참여해요

명상을 하다 보면 '명료하게 보는 능력'이 발달하고, 이 능력은 진정한 자비로 이어질 수 있어요. 힘들거나 괴로운 상황 혹은 자신의 특징적인 성격 속에서도 굳건한 마음을 통해서라면 타인을 진정으로 이해할 수 있기 때문이에요. 이런 면에서 우리 모두는 같아요. 나는 당신보다 공격성이 강할 수도 있지만, 당신이 나보다 큰 갈망을 가졌을 수도 있어요. 나는 질투라는 감정은 잘 몰라도 외로움이나 초라하다는 느낌은 잘 알 수도 있죠.

어떤 의미에서는 명상을 통해 자신을 바로 보면서 감정에 솔직해질 수 있고, 자신에 대해 확실히 알기 시작하면 다른 사람들이 직면하는 문제가 무엇인지도 깨달을 수 있어요. 그들도 나와 같다는 것을 이해하면 타인을 향한 자비심이 자연스럽게 생겨나니까요.

삶에서 가장 소중한 세 가지 보물

불교에는 '삼보三寶'라는 세 가지 보물이 있어요. 삼보는 우리 삶의 가장 귀중한 세 가지 버팀목이 될 수 있어요. 누군가의 지지와 격려가 필요할 때 당신이 의지할 곳이 될 수도 있지요.

첫 번째 보물은 불보佛寶, 즉 부처예요. 여기서 부처는 내가 기댈 수 있고, 내 모든 질문에 답해주고, 나를 구해주는 존재가 아니라 나의 본보기가 되는 존재예요.

두 번째 보물인 법보法寶, 즉 법法(Dharma)은 나에게 도움이 되는 가르침과 실천이죠. 세 번째 보물은 승보僧寶, 즉 승가(Sangha)로, 깨어나기 위한 명상에 전념하는 사람들의 공동체를 의미해요.

승가는 나의 명상 여정에서 가장 중요한 버팀목이 되었어요. 승가는 일상의 영역 밖에 존재하는 공동체로, 서로 경쟁하거나 우위에 서려고 하지 않는 곳이죠. 이곳에서는 다른 사람에게 무조건 맞춰주기만 했던 행동에 제동을 걸 기회도 찾을 수도 있어요. 사람들의 비위를 맞추기보다 서로 진실한 경험을 나누는 데 집중하기 때문이에요.

불가에서 승가에 흔히 사용하는 이미지는 모두가 함께 똑바로 서서 무조건적인 우정을 지키는 모습이에요. 승가에서는 서로 기대지 않아요. 누군가 넘어진다고 해도, 서로 도와주려다 다 같이 넘어지지는 않아요.

깨달음에 도달한 사회의 기반은 자신의 판단에 책임을 질 줄 아는 개인들이에요. 그들은 친절과 자비로 서로를 도와요. 배고픈 이에게 음식을 나눠주고, 아픈 사람을 보살펴요.

당신도 자신의 경험을 나눔으로써 이미 다른 사람을 돕고 있을 수도 있어요. 누군가를 내려다보는 태도가 아닌 친구 대 친구로서요. 그리고 승가의 일원들은 같은 곳에 살지 않아도 괜찮아요. 함께 수련하는 사람에게 편지를 쓰거나 가끔씩 전화 통화를 할 수도 있어요.

명상을 혼자서 꾸준히 이어 나가기는 어려워요. 나와 같은 출가자가 수행 공동체에 참여하듯이, 명상 수련을 하는 사람들의 모임에 참여하면, 수련이 순탄치 않아서 어려움에 부딪힐 때마다 정말 큰 도움을 얻을 수 있어요. 줄곧 혼자 명상하다가 처음으로 공동체에 참여했다면 혼자 수련할 때와는 큰 차이를 느낄 수 있을 거예요.

27장

마음속 씨앗에 물을 주세요

명상하며 삶을 바라보면, '우리가 확실히 아는 건 아무것도 없다는 사실'을 알 수 있어요. 그런 면에서 이국의 땅을 여행하는 것은 정말 좋은 경험이에요. 환경과 장소에 따라 사람들의 생각이 달라진다는 사실을 깨닫게 되니까요. 특히 아시아와 제3세계 국가들을 여행해 보면 좋아요 이곳 사람들은 대개 완전히 다른 관점에서 생각하거든요.

지금까지 진실이라고 생각해 온 것 대부분이 자신이 속한 문화와 태어난 시기, 경제 수준, 성별에서 온다는 것을 깨달을 수 있어요. 좋고 나쁨이나 옳고 그름을 바라보는 견해는 가지각색이고 보편적이지 않아요. 그래서 전쟁이 일어나죠. 누군가에게는 '선'이 다른 사람에게는 '악'이 될 수 있고, 그래서 사람들은 서로를 해치고 죽이기도 해요. 인류 역사상 사람들은 무엇이 옳고 그른지에 관한 생각 차이 때문에 서로를 미워했어요.

'모든 다르마를 꿈으로 여겨라.'라는 경구는 모든 것을 경이롭게 여기라는 뜻이에요. 나무를 예로 들어볼게요. 우리 주변의 나무들을 제대로 살펴볼까요? 나무껍질과 나뭇잎을 관찰하고 어떤 냄새가 나는지 살펴보는 거예요. 잔디와 공기는 또 어떨까요? 그저 '나도 알아, 그냥 매일 보는 오래된 가문비나무잖아.'라는 생각을 넘어설 수 있는지 직접 확인해 보세요.

활엽수가 보이면 이것도 마음껏 관찰해 보세요. 봄이 오면 나뭇잎이 초록색으로 변하는 그런 나무들 말이에요. 그리고 나무에게서 생생한 기운을 얻으세요. 경이로움에 가득 찬 눈으로 나무들을 바라보세요.

자신이 죽었다고 생각한 남자

최근 한 남자에 관한 이야기를 읽었는데, 그는 아메리카 원주민이고 병에 걸려 위독한 상태였어요. 20세기 초에 살았던 사람이죠. 한참을 혼수 상태에 빠졌다가 깨어나 보니, 한 백인 마을이었다고 해요. 어떻게 거기까지 갔는지는 모르겠지만, 아무튼 거기였대요.

그 후 매우 흥미로운 일이 벌어졌어요. 그가 속한 부족의 신화에는 죽으면 서쪽으로 간다는 오래된 믿음이 있었고, 그곳에 이르려면 터널을 연이어 지나야 한대요. 사람들이 수십 개의 터널을 지나 서쪽으로, 바다로 향한다는 거예요. 그리고 이 놀라운 일이 그에게 실제로 일어난 거예요.

그는 서쪽으로 가는 열차에 몸을 싣고 여러 터널을 지나 바다로 갔어요. 터널들을 지나 거대한 도시로 갔죠. 이야기가 더 이어지지만, 여기서 눈에 띄는 점은 이 남자가 실제로 세상을 떠날 때까지 자신이 죽었다고 생각했다는 거예요. 눈앞에 펼쳐진 현실이 죽음을 다룬 부족의 신화와 완전히 일치했으니까요.

그의 이야기는 내가 이제껏 읽었던 어떤 이야기보다도 '환영의 아이

(Child of Illusion, 어떤 사람이 현실을 왜곡하거나, 자신을 속이거나, 자신이 만든 환상 속에서 자란 경우를 뜻함 - 옮긴이)'에 가까웠어요. 그는 자기가 죽었다고 생각했지만, 그 이후도로 온전히 현재를 살았어요. 그의 마음과 가슴은 완전히 열려 있었어요. 그는 어린아이와 같은 호기심을 가졌지만, 동시에 성숙한 어른의 지혜도 가질 수 있었지요.

경험을 두려워하지 않아야 하는 이유

이야기 속의 남자는 모든 기준에서 완전히 생경한 문화 속에 놓였지만, 조금도 당황하지 않았어요. 단지 '사후 세계는 이렇구나.'라고 생각해서 모든 것에 완전히 매료당했어요. 그의 이야기를 보면 우리가 얼마나 많은 경험을 당연하게 생각하는지 알 수 있어요. 모든 걸 당연하게 여긴다는 건 한편으로는 다양한 경험을 두려워하는 거예요.

두려움은 감춰진 오래된 기억, 예전에 일어났던 나쁜 일들을 기반으로 해요. 가슴에 오래 묻어 둔 것들은 우리를 고통에서 보호하기 위해 도무지 이해할 수 없는 방식으로 작용하고, 모든 것을 기이한 방식으로 해석해요. 또한 우리의 경험과 반응을 이상한 방식으로 편집하죠. 우리는 주변의 많은 것을 두려워하는데, 사실 두려움의 이유조차 잘 몰라요.

동시에 우리는 '지금까지와는 전혀 다른 것'에 무척이나 끌려요. 때로는 표면적으로 위안을 주는 것이나 고통을 회피하는 것에 중독될 수도 있어요. 하지만 이 모든 현상은 우리가 너무 많은 것을 당연시하고 주변의 나무와 동물, 소리와 기억, 냄새와 맛, 사람들의 얼굴과 몸짓에 습관적으로 반응하는 차원에서 일어나는 일이에요.

그렇다면 어떻게 해야 이야기 속 남자와 같은 방식으로 우리 삶에 경이로움을 가져올 수 있을까요? 우리 삶에 어떻게 호기심을 불러들일 수 있을까요? 그 답은 '친절하고 정직하라'는 명상 지침에서부터 시작해요. 여러 번 강조하지만, 머릿속에 생각이 꼬리를 물고 이어질 때도 자신을 아주 친절하고 다정하게 대하세요. 자주 떠올리는 이야기에 따라오는 것이 희망과 절망이든, 재미나 즐거움이든, 그저 '생각'일 뿐이라고 진심을 담아 말하면 돼요.

그리고 기억하세요. 모든 생각을 꿈으로 여길 수도 있어요. 당신의 삶에 경이로움을 불러들이려면, 무슨 일이 일어날지 알 수 없어 불안하고 떨릴 때 굳이 무언가 하지 않아도 된다는 사실을 기억하세요. 문제를 해결하기 위한 답을 억지로 찾아내려 할 필요도 없어요. 그저 몸과 마음을 이완하는 연습을 하세요. 일상의 모든 순간에 명상을 이용하세요. 명상할 때의 불확실하고, 불안정하고, 당황스럽고, 떨리는 느낌과 함께 자리를 지키는 수련을 하세요. 이런 순간들이 쌓여 엄청난 안정감과 진정한 행복을 가져올 거예요.

사실, 우리가 기쁨을 누리거나 삶에 대한 열정이나 흥미를 가지는 데 방해가 되는 것은 '우리에게 가만히 앉아 명상할 동기가 없다는 사실'뿐이에요. 긴장할 때, 고통스러울 때, 불안할 때도 몸과 마음을 편안히 하고 부드럽게 만들 만한 동기를 찾지 못하는 거죠.

살면서 무언가를 간절히 이루고 싶다는 생각이 들 때마다 놓아주고, 부드러워지세요. 이렇게 해야 삶이 살 만해져요. 이렇게 해야 삶이 경이로워져요. 우리는 내면에 따뜻한 씨앗을 품고 있어요. 명상은 이 씨앗들에 양분을 공급하고 물을 주는 일입니다.

하늘과 바다, 바람같이 밖에 머무는 것처럼 느껴지는 공간이 있고, 안에 있는 것처럼 느껴지는 공간이 있어요. 이 모든 공간이 전부 섞이게 돼도 괜찮아요. 모두 하나의 커다란 공간에 녹아들게 할 수 있어요. 수련은 내 안에 많은 공간을 허용하는 거예요. 어떻게 안과 밖의 광활한 공간을 연결 하는지 배우는 거예요. 이완하고, 부드러워지고, 열리는 법을 배움과 동시 에 사실은 우리 주변에 드넓은 공간이 있다는 깨달음과 연결되는 거예요.

28장

내 안의 보리심을 깨우세요

불교에는 '보리심(Bodhichitta)'이라는 말이 있어요. 예로부터 전하는 말에 따르면, 부처는 보리(Bodhi)수 아래 앉아 깨달음을 얻었다고 해요. '보리'라는 말은 여러 가지로 해석하지만, 기본적으로는 '완전히 깨어난'이라는 뜻이에요. 가끔은 '깨달음을 얻은'이라고 해석하기도 하죠. '보리'는 완전히 열린 가슴, 완전히 열린 마음을 뜻해요. 가장 힘들고 끔찍한 상황에서도 결코 닫히지 않는 마음이라 할 수도 있어요.

보리심은 편견이나 편향 혹은 누군가의 의견과 상반되는 독단적인 관점으로 자신을 제한하지 않는 태도로 이어져요. 보리에는 제한이 없어요. 모든 것을 포용하는 보리의 개방성과 유동성에는 어떤 제한도 없어요.

'심(Chitta)'이라는 말은 '감정'과 '정신'을 뜻해요. 두 가지 의미가 있기 때문에 우리는 이것을 '마음'이라고 정의해요. 따라서 보리심은 '깨어 있는 마음'이나 '깨달음을 얻은 마음' 또는 '완전히 열린 마음'이라고 할 수 있어요. 최걈 트룽파 린포체는 보리심의 동의어로 '여린 부분'이라는 말을 썼어요. 인간이라면 누구에게나 이 '여린 부분'이 있다고 조언했어요. 모든 생명체에게는 연약한 부분이 있지만, 우리는 태어날 때부터 이 연약함을 감추고 보호해야 한다고 배웠어요. 우리는 여리고 부드러운 부분을 축소하고 가려야 한다고 생각하는 세상에서 살고 있어요.

하지만 명상은 우리에게 오히려 이 여린 부분을 키워 나가라고 조언해요. 명상을 통해 마음을 다시 열라고, 사랑이 자유롭게 드나들게 하라고 가르쳐요. 여린 부분을 막는 장벽을 없애는 것, 여린 부분을 감싼 갑옷을 없애는 것, 실제로는 멈춘 적이 없는 보리심을 에워싼 장막을 없애는 것이 삶의 궁극적인 해법으로 이어지는 것은 아니에요. 열린 마음은 우리가 기꺼이 유연한 태도를 가지고 순간순간 즉흥적으로 대처해야 한다는 뜻이에요. 언제나 지금보다 더 열릴 여지가 있기 때문이지요.

보리심의 또 다른 정의는 '사랑이 넘치는 사람이 되는 것'이에요. 누군가 내게 "명상을 하는 목적이 뭔가요?"라고 묻는다면, 나는 "우리가 명상하는 이유, 스승의 가르침에 귀 기울이는 이유, 명상을 삶의 모든 순간에 적용하려는 궁극적인 이유는 이렇게 해야 사랑이 넘치는 사람이 될 수 있기 때문입니다."라고 답할 거예요. 사랑이야말로 이 세상에 정말 필요한 부분이니까요.

가슴이 활짝 열리는 순간

보리심의 혜택 중 하나는 불확실하고 예측 불가능한 현실의 본질을 더 편안하게 받아들이는 거예요. 사람들의 시각에서 보면 삶은 근본적으로 불안정하죠. 하지만 깨어난 존재의 관점으로 보면 삶은 더 이상 불안정하지 않아요. 삶은 항상 불확실하고 예측 불가능하지만, 우리가 불확실성 속에서도 안정감과 편안함을 느낀다면 더 이상 삶이 불안정하다고는 말할 수 없을 테니까요.

명상은 우리를 불확실성 안으로 더 깊이 걸어 들어갈 수 있게 하고, 결국 불확실성이 우리의 근거지가 되는 거예요. 삶은 언제나 그랬듯 불확실하고 예측 불가능하지만, 우리는 뜻밖의 일들을 즐길 수도 있고, 변화와 새로움을 향한 거부감이 누그러질 수도 있어요.

현실의 본성은 완전히 역설적이죠. 우리는 자주 이원적이거나 극단적인 관점에서 생각해요. 그리고 그 속에서 마음을 굳히려고 해요. 왜냐하면 거기서부터 안정감을 얻을 수 있기 때문이에요. 우리는 "바로 이거지!"라고 말하면서 점점 더 땅 위에 굳건히 발을 디디려 해요. 극단적인 경우 이런 성향이 근본주의로 치닫기도 하는데, 그러면 어떤 믿음을 위해서라면 전쟁도 불사할 것처럼 행동해요.

불확실성과 예측 불가능성을 편안히 받아들이는 만큼 가슴이 열리는 것을 느낄 수 있을 거예요. 우리의 가슴은 힘든 상황을 받아들이고 그 안으로 발을 내딛는 만큼 열려요. 이런 말을 해서 유감이지만, 우리 각자에게 점점 더 괴로운 일들이 많아질 거예요. 명상이 우리를 아기 천사 같은 모습으로 날개를 달고 더는 고통 없이 지낼 어딘가로 인도할 거라고 생각한다면 꿈에서 깨야 해요. 당신은 세상에 괴로운 순간이 많다는 것을 더 선명하게 보기 시작할 거고, 이런 순간은 갈수록 더 많이 눈에 띌 거예요.

깨달음을 얻으면 우리의 선택이 어떻게 괴로움을 지속시키는지 점점 더 선명하게 볼 수 있어요. 깨달음을 얻은 자는 무엇이 괴로움을 더하거나 더는지 더 알고 싶어 해요. 그래서 우리는 결국 불확실성 속으로 더 깊이 들어가거나 불확실성 속에서도 편안해지기를 바라는 거예요.

명상은 우리의 방식을 굳히는 과정이 아니라, 이제까지 믿어왔던 것들을 변환하는 과정이에요. 모두가 알다시피, 나이가 들면서 갈수록 습관이 굳어지는 일이 너무 흔해요. 하지만 어떤 이유에선지 나이가 들수록 점점 더 유연해지고 마음이 열리는 사람을 만나기도 해요. 당신은 어떤 사람이 되고 싶은가요?

영적 수련의 황금기

흔히 영적 여정의 가장 강렬한 순간은 고통이 점점 더 커지거나, 이미 한계에 이른 것 같거나, 어떻게 해도 자신의 상황을 아름답게 포장할 수 없을 것 같을 때지요. 대개 명상을 힘든 순간을 없애는 수단으로 생각해요. 하지만 그런 순간이야말로 경직되고, 탐욕스럽고, 땅에 발을 붙이려는 모든 습관을 만드는 패턴에서 빠져나오는 순간이에요. 그래서 바로 이때 다른 선택을 할 수 있고, 다른 무언가를 선택함으로써 스스로를 해방시킬 수 있어요.

'수련에서 무언가 다르게 해보라'는 말은 '그 순간에 머무르라'는 뜻이에요. 앞서 명상을 설명하며 어떻게 자신의 생각과 말을 놓아주고 무슨 일이 일어나든 '일단 느껴야' 하는지 설명했어요. 고통을 보는 관점을 완전히 바꿔야 하고, 고통의 순간이 영적 수련의 황금기라는 것을 깨달아야 해요. 아마 누군가는 "이게 황금기라고요?"라고 되물을 거예요. 맞아요. 놀랍게도 가장 고통스러운 순간이 황금기예요. 그 순간 당신은 오래된 습관을 계속 반복해 굳히거나, 아니면 반대로 깨어난 상태로 지금까지와는 다른 행동을 선택할 수 있으니까요.

커다란 괴로움은 커다란 자비를 가져온다고 해요. 나는 이 글을 볼 때마다 깊은 감명을 받는데, 보통 커다란 괴로움은 커다란 비통함이나 분노, 복수의 욕망, 고착과 증오를 가져오는 경우가 더 많기 때문이에요. 이런 순간마저도 받아들일 수 있고, 소중히 여길 수 있어요. 습관을 고착화하고 더 많은 괴로움을 만들어내는 대신 오히려 커다란 자비를 만들어낼 수도 있어요. 그러니 미움이나 복수의 패턴을 굳히지 말고, 대신 연민의 눈물을 흘리세요. 그리고 사랑과 친절을 향해 앞으로 나아가세요. 자신과 타인 모두를 위해서요.

우리 안에서 사랑을 발견할 수 있어요. 이것이 가르침의 핵심이에요. 사랑은 밖에 있지 않아요. 사랑은 관계에 있지 않고, 좋은 관계에만 있지도 않아요. 경력이나 직장, 가족이나 영적인 길에 있지도 않아요. 자신에게 선한 마음이 있다는 것을 깨닫고, 이것을 깨우고 키울 수 있다는 사실을 인식한다면, 당신 안의 보리심을 깨우는 순간이 될 거예요. 당신의 삶만 있을 뿐, 그 외에 다른 수련 장소는 존재하지 않아요.

일단 앉아볼까요

초판 1쇄 인쇄 2025년 3월 25일
초판 1쇄 발행 2025년 3월 31일

지은이 | 페마 초드론
옮긴이 | 이혜진
펴낸이 | 심남숙
펴낸곳 | ㈜한문화멀티미디어
등록 | 1990. 11. 28 제21-209호
주소 | 서울시 광진구 능동로43길 3-5 동인빌딩 3층 (04915)
전화 | 영업부 2016-3500 편집부 2016-3507
홈페이지 | http://www.hanmunhwa.com

운영이사 | 이미향
편집 | 강정화 최연실
기획·홍보 | 진정근
디자인·제작 | 이정희
경영 | 강윤정
회계 | 김옥희
영업 | 이광우

만든 사람들
책임 편집 | 한지윤 디자인 | 하현정
인쇄 | 천일문화사

ISBN 978-89-5699-487-1 03320